序　開学一〇年　ＨＳＵの挑戦《ちょうせん》は終わらない

「新しい酒は新しい革袋に盛れ」

『新約聖書』にある言葉です（『マタイ伝』九）。

新しい思想や考えは、これまでの古い形式の上に付け足そうとしても、うまくいかないという意味です。新しい思想を表現するなら、やはり新しい形式をゼロから創り上げげないといけないのです。

学問も同様です。これまでの学問の常識の上に、新しい学問はできません。新しい学問には、新しい器が必要です。

未来《みらい》文明を拓く新しい学問のために、神が創られた新しい〝器〟――それが、ハッピー・サイエンス・ユニバーシティ（ＨＳＵ）です。真理を体系化《たいけいか》して、学問として学べるようにという意図でつくられた研究機関は、世界中どこを探してもＨ

ＳＵ以外にありません。

　ここで花開こうとしている新しい学問とは、何でしょうか。

　私には、弘法大師《こうぼうだいし》・空海《くうかい》が日本に根付かせた「胎蔵曼荼羅《たいぞうまんだら》」のイメージが浮かんできます。胎蔵曼荼羅とは「大悲胎蔵生曼荼羅《だいひたいぞうしょうまんだら》」と言い、大日如来《だいにちにょらい》の慈悲《じひ》でもある普遍的《ふへんてき》な宇宙の理法を立体的に捉えて図画に示し、人間に可視化したものです。空海は、密教を日本で開くために、諸仏が幾重《いくえ》にも配置され体系化された曼荼羅を通し、根源《こんげん》にある世界、すなわち目に見えない宇宙の理法を深く認識していました。悟《さと》った人が見れば、曼荼羅は宇宙の〝設計図〟であり、〝地図〟であるわけです。

　そうした立体的な真理の体系を、今、過去の諸宗教《しゅうきょう》・諸思想・諸学問の枠組《わくぐ》みを超《こ》え、地球神エル・カンターレの規模で「学問」として表そうとされているのが、ＨＳＵなのではないかと思えるのです。

　「エル・カンターレ」とは、この地球や宇宙を創られた「ザ・クリエイター」です。この宇宙は、主《しゅ》エル・カンターレの法のもとに創られ、統《す》べられています。エル・カンターレの法が、宇宙の法則であり、すべての学問の根本です。

したがって、主エル・カンターレの御心を探究《たんきゅう》することで、宇宙の仕組みや秘密《ひみつ》が解き明かされていくことになります。

「新しい学問を創る」といっても、学問自体は手段に過ぎません。あくまでも主の願われる未来文明を拓いていくための手段です。

ＨＳＵには現在、「人間幸福学部」「経営成功学部」「未来産業学部」「未来創造学部」の四学部があります。そういうカテゴリー分けもしていますが、それは多くの人に分かる形に翻訳《ほんやく》されているだけで、四つの異なる学問がバラバラにあるわけではありません。宇宙を司《つかさど》る主エル・カンターレの叡智《えいち》を受け取るための様々な方法論《ほうほうろん》に過ぎないのです。

こうした学問的アプローチと、悟りを求める宗教的精進《しょうじん》の融合こそ、新文明建設の鍵です。大宇宙《だいうちゅう》の無限の叡智につながることで、今までのやり方ではできなかった発明・発見が次々と可能になり、「オリジン」の叡智を地上に実現できる研究機関・教育機関になりうるのです。

文部科学省《もんぶかがくしょう》の定めた唯物論《ゆいぶつろん》的教育の枠組みは今、限界に来ています。偏差値などが高い人材をつくることができたとしても、新文明を拓く創造《そうぞう》的な人間をつくることはできません。

学問界において次元の壁を突破するためのキーワードが、宗教でいうところの「悟り」です。

悟りとは、実証を積み上げていった先に得られるとは限らないものです。場合によっては、結論から来ます。先に「これができるのだ」と分かるのです。その結論に向かって、土台をつくり、証明するという作業に移ります。HSUの学問は、そういう演繹《えんえき》的な面も含《ふく》まれています。だから、知識を磨くだけではなく、思考を磨き、悟性を磨くのです。

これは「神の愛」を体現できる人材を輩出しようという試《こころ》みでもあります。すべての人を愛し、生かし、育んでいく主の思いを体現できる人間を多数輩出することによって、今起こっている人種間・宗教間の対立なども、問題の根本から解決することができます。

もっと突き詰めていうと、目的は「神の愛の体現」です。「私が、私が」「愛されたい」といった自我我欲や出世、栄達を求める心ではなく、「エル・カンターレの愛」に心を同化して、人類《じんるい》愛を実践に移していく。その思いの方向性があるから、宇宙の叡智という〝核〟につながることができる。その結果、主の願われる未来文明をこの世に現実化させることができます。

教える側である私たち教員陣が、まだまだこの世的な発想に縛られていて、悟りが及ばず、主が本当に願われている学問が花開くところまでいっていないのが現状です。しかし、時間をかけて探究し、信仰心《しんこう》を深めるほかありません。

そして、ここで学んだ人のなかから、悟りを得て、インスピレーションを得て、新しい発明が生まれてくるようになれば、ＨＳＵは新文明の発信基地になるでしょう。
神のジグソーパズルはすでに、ばらまかれました。あとは、いつ、誰が、この新文明のピースを拾い、組み立て、絵にするかです。

未来は、この私の教えの上に築《きず》かれていきます。この言葉の上に未来の文明は築かれていきます。すべてが失われても、この言葉が遺《のこ》るかぎり、人類に希望は残ります。

『不滅の法』六七ページ

主エル・カンターレの言葉を実現させ、人類に希望を灯すのが、私たちの使命です。HSUは、そのための挑戦《ちょうせん》をこれからもずっと続けてまいります。
今年、開学一〇年目を迎《むか》えるにあたり、宇宙の叡智を体系的な学問としてお示《しめ》しくださった主エル・カンターレ、本学創立者でもあられる大川隆法総裁に、心から感謝を申し上げたいと思います。

二〇二四年二月

幸福の科学学園理事長 兼 ハッピー・サイエンス・ユニバーシティ チェアマン

渡邉和哉

Contents

世界を創りかえる

新しい学問の創造

地球神信仰が未来文明を拓く

本書は二部構成として、第一部は結論的位置づけで、未来のエル・カンターレ文明の核になる新しい学問を整理して、提言しました。

その上で、第二部として、HSUが現在取り組んでいる学問や教育内容を一〇分野に分けて説明し、このなかで、現代の学問における問題点や行き詰まりをブレイク・スルーするための考え方を、示させていただきます。

最終章では、まとめとして、本書全体を通じて示された新しい学問を概観し、この一〇年のHSUの歩みと成果に言及したいと思います。

※文中、特に著者名を明記していない書籍については、原則、大川隆法著となります。

第一部

未来の学問がここにある

HSU出版会

1. すべての学問の根本に真理を

◆真理から程遠い現代の学問

真理は一つである。
霊界は実在し、
人間は魂《たましい》を持った存在《そんざい》である。
肉体は〝乗《の》り舟《ぶね》〟にしかすぎない。
それが真実である。
すべての学問の根本には真理がなくてはならない。
教育の目的も真理の獲得でなくてはならない。
そして、宗教《しゅうきょう》もまた、

真理を明らかにするための努力を怠《おこた》ってはならないのだ。

『繁栄の法』二二七〜二二八ページ

ハッピー・サイエンス・ユニバーシティ（以下ＨＳＵ）の創立者でもある大川隆法・幸福の科学総裁が法話「信仰革命《しんこうかくめい》」でこう述べたのは一九九七年のことです。ＨＳＵが開学したのは二〇一五年のことですから、かなり早い段階で、新たな学問の創造《そうぞう》を構想されていたことが分かります。

さらに、自伝的小説の「鏡川竜二《かがみかわりゅうじ》シリーズ」を読むと、一九七〇年代、東京大学に通われていた頃から、すでに「学問の根本に真理が必要である」という信念を持っていたことも分かります。法学、政治学、宗教学、哲学《てつがく》など、幅広い学問を深める過程で、無神論化・唯物論《ゆいぶつろん》化した近現代の学問の流れについて、強い問題意識を持たれるようになりました。

たとえば、ディビッド・ヒュームについては、主著の『人性論』にあるように、内容的に「不可知論《ふかちろん》」の源流の一つになっているといわれています。現代の哲学には、何もかも疑ってかかるところがありますが、疑った結果、何も残らないという現象は、ヒュームの影響が大きいと思われます。

不可知論は、神の存在は人間には認識できないとする立場ですが、大川総裁は**「『不可知論』のワナにかかると、神も仏も、あの世も、この世も、魂も、善悪も、天国と地獄の違《ちが》いも、何も分からなくなる」**（『小説　内面への道』）と指摘し、その状態を**「価値判断の中止（エポケー）」**（同書）と述べられています。

有名な哲学者のカントも、スウェーデンボルグの霊能力に関心を持っていたのに、学問の研究対象から外してしまいました。神や霊魂、来世という概念は、証明することが難しいこともあって、研究対象にしないことにしてしまったのです。

その結果、カント以降の哲学者は、ソクラテスやプラトンのいっていることが理解できなくなってしまいました。プラトンの書き遺したソクラテスの言葉は、「魂がある」ということを明快に説いています。もともとは、宗教と哲学の根本的な違いがほとんどなかったのです。そんな哲学の状況を大川総裁はこう述べられます。

二千四百年もかけて、本当に凡庸《ぼんよう》な思想家や哲学者（?）たちが、不可知論に逃げ込んで来たのだ。カントは、人間の思惟《しい》をあれこれと分類・分析《ぶんせき》したが、結《けっ》局《きょく》、「自分の経験のないことは分からない。」と言っているに等しい。これは本当に平凡人の立場で、論文の書き方だけ指導している今の大学の現状と変わらない。

ショーペンハウエルらが「人間は偶然《ぐうぜん》にこの世に投げ出された存在」と考えて、その実存主義《じつぞんしゅぎ》哲学が百年以上も続くと、神も仏も、あの世も、魂も、哲学としてはどうでもよくなるのだ。だから政治がこの世のことばかりを対象にし始めて、共産主義と福祉《ふくし》主義がコインの裏表となって、同じになっていく。要するに、唯物論の、この世限りの学問しか残らなくなるのだ。

『小説　内面への道』一四四～一四五ページ

つまり、現代の学問が、古代ギリシャの時代にはあった宗教的真理から随分と離れてしまったのです。教団を設立して間もない一九八七年に発刊された『永遠の法』には、こうあります。

残念《ざんねん》ながら、現在《げんざい》、地上《ちじょう》にある学問には、あの世とこの世について明快に説明《せつめい》をするだけの学問的蓄積《がくもんてきちくせき》もなければ、確立《かくりつ》された方法論《ほうほうろん》もありません。

『永遠の法』一四ページ

その結果、死後の世界に対する人々の不安感や恐怖感が大きくなっているため、霊的《れいてき》世界に関する学問を打《う》ち立《た》てる必要が出てきているのです。

◆エセ学問をふるいにかける

哲学や思想だけでなく、政治や国際情勢に関する学問に関しても、「真理から程遠い」ことに、強い懸念《けねん》を示《しめ》されています。

国際政治の善悪を決めるためには、必死で神の言葉を求め続けなければならないのだ。

そのためには、「理性」を人間の最高精神《せいしん》とするカント老人の迷妄《めいもう》を打ち破り、「悟性《ごせい》」が「理性」の上位概念《じょういがいねん》であり、「悟性」とは、神仏の正しき心の指導に従う良心であることを知らねばならない。

鏡川竜二は、東西冷戦の中にあって、旧ソ連と中華人民共和国に増大しつつあるファシズム的体質を見破った。そしてヨーロッパ、アメリカにおける、歴史的侵略主義の正統性を反省《はんせい》すべきことを知った。（中略）

共産主義の悪事は、いずれ天下に明らかになるであろう。しかし、民主主義国の独善《どくぜん》も反省せねばならない。神の心を求めずして、法律の世界にだけ世界正義《せいぎ》を求めてはならない。単なるこの世的生存だけを重視する「実存主義」の中に神の正義を求めてはならない。

これらを念頭に置いただけでも、憲法学も、国際政治学も大きく変わるであろう。過去の歴史ばかり発掘して、学問をやっているつもりの学者は、いずれお払《はら》い箱《ばこ》なのだ。

あくまでも神の正義を、現代及び、近未来に見い出してゆかねばならないのだ。竜二の洞察と熱意は、エセ学問をふるいにかけつつあった。もう一歩、さらにもう一歩、真理に迫らなくてはならないのだ。

『小説　遥かなる異邦人』一一一～一一三ページ

「竜二」とは、大川総裁をモデルとした小説の主人公のことですが、大川総裁は冷戦時代においてすでに、単に既存の学問を〝ふるいにかける〟にとどまらず、神の心を求めることで「本来あるべき学問とは何か」を探究《たんきゅう》されていたことがうかがえます。

こうした問題意識から、大川総裁は、学生時代において、**「独自の学問領域を開《かい》拓《たく》していくようになった」**（『小説　内面への道』）といいます。「独自の学問領域」とは、『小説　遥かなる異邦人』によれば、次のようなものでした。

やはり「真《しん》・善《ぜん》・美《び》」の世界を探究している自分の姿勢が間《ま》違《ちが》っているとは思わない。しかし、その「真理」も裁判所の判事が下《くだ》すような、個別の善悪ではなく、もっともっとも普《ふ》遍《へん》性《せい》のある、全人類《じんるい》を導くべきものでなければならない。

『小説　遥かなる異邦人』一五〇ページ

注目すべきは、学生時代から一貫して「全人類を導く」という崇高《すうこう》な志を持ちながら、新たな学問を独自に構築されようとしていたことです。

◆諸学のもとにあるのは宗教

あらゆる学問を渉猟《しょうりょう》して教養を深めていく大川総裁の探究は、商社に勤務されるようになってからも続きます。しかも、諸学問を網羅《もうら》的に勉強しながら、貿易や金融に関する実務的な知識と経験を深め、実学としての学問体系も構築されていきました。

一九八一年に大悟（深く大きな悟《さと》りをひらくこと）されてからは、霊的世界の諸如来《しょにょらい》・諸菩薩《しょぼさつ》たちとの交流を重ねて、さらに宗教的な悟りも深められます。まさに諸宗教・諸思想・諸学問を統合しながら、〝全人類を導く〟教えの体系を固めていかれたのです。

一九八六年になると、いよいよ幸福の科学を設立し、その思想を世に問い始めます。その第一声である「幸福の科学発足《ほっそく》記念座談会」の質疑応答では真理と学問について、次のように述べられています。

この世の学問、あるいはいろいろな職業に分化していっているのですが、これらはみな関係があるのです。本来の宗教のあり方に戻《もど》したいと考えています。

今のいわゆる括弧《かっこ》付きの「宗教」ではなく、本来は何かというと、諸学のもとになったのは宗教であり、神の法です。あるいは、人間の生き方の基礎《きそ》になった道徳論も何もかも、すべて、もとから出ているのは「真理」です。ここから出ているのです。

私たちは、本来のあり方、本来の姿というものをもう一回戻してみたい、過去の宗教も何もかも総ざらいして、本来のあり方というのをもう一回探《さぐ》ってみたいと思っています。


『われ一人立つ。大川隆法第一声』一四四～一四五ページ

古来、哲学は諸学問を統合したものといわれますが、その哲学であっても「神《しん》

学《がく》の婢《ひ》」であり、学問の中心は、あくまでも神の法を探究することです。そうした本来のあり方を取り戻すことが、大川総裁の考えられる新たな学問の道なのです。

大川総裁は幸福の科学を立宗してからも、さらに約三〇年の歳月をかけて、悟りと学問を深められていきました。年に二千冊ともいわれる読書量、図書館並みともいわれる蔵書《ぞうしょ》、尋常ならざる精進《しょうじん》を重ねに重ね、さらに膨大《ぼうだい》な霊言《れいげん》による探究のすえ、独自の学問体系を創られました。つまり半世紀近くもの探究の果てに、満を持《じ》して設立されたのがＨＳＵなのです。

2・諸学を整理統合して新しい学問を創る

◆宗教を中心に諸学を見直す

大川隆法総裁が数十年の研鑽《けんさん》を経《へ》て、新たに創ろうとされている学問の構想には、様々な特徴《とくちょう》があります。その一つが「総合学」であるということです。「**とにかく、自分のなかに『総合学』をつくろうとしていたのは確実で、HSUなどは、その具現化の始まりであると思うんですよ**」（『小説　永遠の京都』余話』）と語られています。

「総合学」というのは、単に「学際的」（異なる研究分野にまたがること）というレベルにとどまらず、文系・理系も超《こ》えて、あらゆる学問を統合していくことを意味します。開学の精神を説いた『幸福の科学大学創立者の精神を学ぶⅡ（概論)』では、次のように述べられています。

「『諸学問の開拓』をすると同時に『諸学問の統合』をする」ということは、はっきり言えば、十倍ぐらいのエネルギーがかかることではありますが、私はこうしたことを学生時代に志しました。

今、私は新しい学問をつくろうと努力していますけれども、実際には、さまざまな勉強をした学生時代に、「どれも分析的に分解していくかたちの学問ばかりであり、ある部分だけの専門家であって、ほかのことは分からない。これでは本当の社会的事象が何も分からなくなる」ということに気づいていたわけです。

例えば、法律学であっても、「自分は刑法の専門家であって、憲法の専門ではないから、憲法改正については分からない」というような話がありますが、やはりいろいろなものが連関してくるので、それを統合していこうという気持ちを持つことが非常に大事だと考えました。

『幸福の科学大学創立者の精神を学ぶII（概論）』八二〜八三ページ

学問は長い歴史を経て、細分化し専門化して発展してきたところはありますが、近現代になると、一つの専門分野を究《きわ》めるだけでも相当な時間を要するため、全体を見通すことが困難になりました。そのため、たとえばＬＧＢＴＱやクローン人間の是非など、現代的な諸問題に対し、学問は善悪の価値判断ができなくなっています。

特に日本は、山本七平《しちへい》のいう「空気の支配」により、善悪の価値判断から逃げる傾向《けいこう》が強く、そうした傾向が無責任体質や問題の先送り体質の原因《げんいん》となっています。それは宗教の善悪が判断できない、憲法改正の議論が本格化しない、肥大《ひだい》化《か》する予算を放置し財政再建を先送りするなど諸問題を生み出しています。欧米を手本に後追《あとお》いするだけの判断停止状態では、もはや限界に来ているのです。

文献を引用して論文を作成するという「学問界のルール」にも検討の余地があ

ります。たとえば引用文献がたくさんなければ学術的でないなら、二番煎《にばんせん》じでなければ、学問的でないということになりかねません。けれども、オリジナルな思想は、必ずしも文献や注を必要としないところがあります。西田幾多郎《にしだきたろう》の『善の研究』には引用を記した注が一つもありませんが、「学問性がない」とはいえません。学問性というのは、引用や注釈などの形式で決まるのではなく、真理に対する真摯な探究の姿勢があり、明確な価値判断があり、人々の幸福に貢献できる内容であるかどうかが、問われるのではないかといえます。

そこで大川総裁は、「真理」「幸福」「神の正義」というコンセプトで諸学を見直し、明確な価値判断を伴《ともな》う新たな学問を生み出されようとしているわけです。

◆世界を正しい方向に発展させる学問

また、大川総裁は、「新しい文明を創る」ことをも、学問のミッションとして掲げています。ＨＳＵの目指す方向性を次のように述べられています。

今、あえて新しい大学を創り、世に問う理由があるとすれば、それは、「新文明の発信基地」としての大学、「新しい学問を創造する場」としての大学を創りたいということです。

『新しき大学の理念』一四～一五ページ

この背景には、明治以来の大学のあり方があります。当時は、江戸時代が終わり、文明開化して西洋化していこうとしていました。それまでは儒学を中心に勉強していたのに、洋学に切り替えていく流れのなかで大学が設立されていきました。そこにあったのは福沢諭吉のいう「脱亜入欧《だつあにゅうおう》」の考え方ですが、「欧米に追いつこう」だけでは、次第に限界が来たわけです。

特に戦後、経済発展して、世界のトップレベルの繁栄を実現すると、「日本独自のオリジナルな文化」を発信する必要が出てきます。単に外国の学問や文化を取り入れるだけでは、国際社会において、責任ある大国として、「今後の世界のあるべき姿」を示すことはできません。

さらに同書ではこうも述べられています。

日本の大学の弱いところはどこかというと、「すでにできたものを習得すること、学び尽くすことには一生懸命《いっしょうけんめい》だが、新しいものを創造するチャレンジ精神などが弱い」という点です。（中略）

そういう意味では、新しいもののなかに、「『新しい創造』を含《ふく》んだものをつくっていきたい」と思いますし、「『創造性』『チャレンジ』というものを中心に据《す》えた学問を、教授と学生が協同しながらつくり上げていくようなものにしたい」と考えています。

ただ、新しい分野を開拓するからといって、卒業後、さまざまな企業等で活躍するに足りない程度の教養や専門性しかなければ、お話になりません。

また、海外に送り出しても、十分に通用するようでなければいけません。要するに、外国の文化にのみ込まれずに、そのなかで仕事をこなしつつ、日本人としての誇りを持って、日本の文化や考え方等についても十分に説明できるだけの教養を持った人をつくっていきたいと考えているのです。

キーワードとして、「新しい創造」や「未来への貢献」を挙げたいと思います。

『新しき大学の理念』一九〜二〇ページ

さらに、学問のミッションについて、「『世界を正しい方向に発展させたい』という願いを付け加えるならば、一定の価値判断を伴う考え方から無縁《むえん》ではありえない」と述べています（同書）。幸福の科学で説かれる真理を中心として、世界をより良いものに創りかえようという決意を明らかにされているのです。

ＨＳＵの入学式での法話を収めた『光り輝《かがや》く人となるためには』では、こう力強く訴えています。

「HSU」は、あくまでも学問の総本山である。未来の学問の種《たね》は、すべてここにある。未来文明の源流であり、この国《くに》と世界の国々を新しく創りかえていくための原動力であると考えている。

私たちは、すでに、人智《じんち》による政治の限界を感じている。真の学問には、「真」「善」「美」が存在しなくてはなるまい。それは、神から降りたイデアの再発見でもある。したがって、学問の根底《こんてい》には、聖なる宗教の存在が必要となる。

『光り輝く人となるためには』あとがき

つまり、HSU設立の理由は、紛争の解決や貧困の克服、新たな政治・経済のシステムの構築や新世界秩序のあり方、生命や宇宙の神秘《しんぴ》の解明、未来技術《ぎじゅつ》の開発など、学問の力で世界に貢献するためのものと考えられているのです。

それは、信仰と学問を両立させ、融合することで成し遂げられます。今日《こんにち》、名門といわれるハーバード大学やエール大学が元々神学校であったことを考えれば、幸福の科学が設立したHSUがこうした使命を果たしていくことは、決して不自然なことではありません。

◆三十数年にわたる実績を経て、「世界精神」を体現する学問に

ただ、新しい学問といっても、すでに幸福の科学の活動において三〇年以上にわたって実証されてきたものがベースになっています。

大川総裁の教えは現在、三五〇〇回を超える説法《せっぽう》、三一五〇冊を超える経典となり、さらに二七作もの劇場用映画、四五〇曲を超える楽曲として、膨大な法体系を築《きず》いています。

一九八六年に教団を設立して以来《いらい》、多くの人々を救済《きゅうさい》し、導《みちび》いてきたという実

績がありまず。教えに触《ふ》れて幸福をつかんだ人、貧困や病《やまい》などの逆境から脱出した人、人生の使命に目覚めた人、仕事で成功した人など、数え切れない人々を救済し、幸福に導いています。その結果、教団はすでに戦後の宗教としては日本最《さい》大《だい》規模となっており、全世界一六九カ国で信者を擁《よう》するまでになっています。

国師として、脆弱《ぜいじゃく》な安全保障や長期にわたる不況、不安定な政治など、日本が抱《かか》える課題を解決するための提言を数多く発信しています。そのうちのいくつかはすでに国策として実現したものもあります（国防の強化や不況対策など）。

また、世界教師として、数千年にわたる宗教対立を克服し、貧困や紛争を解決するための手立ても明らかにしています。

これは一つの時代精神が世界精神へと飛翔《ひしょう》していく姿にほかなりません。

日本あるいは世界という地理的な広がり、それから、過去・現在・未来という時間の流れ、この大きな時空の立方空間のなかから自分の仕事をじっと眺《なが》めてみ

ると、私には一つの姿が見えてくるのです。

それは、二十世紀の後半から二十一世紀にかけて、東洋の日本という小さな島国で、一つの「時代精神」が生まれ、胎動《たいどう》し、うねりを起こそうとしている姿です。「おそらく、その時代精神は、さらに世界精神へと飛翔していくであろう」ということを、深く心に期するものがあります。「いずれは世界精神になるであろう」と、心に誓《ちか》っているところです。それが、幸福の科学の世界伝道、あるいは世界宗教へ向けての発信です。

その世界精神の根源《こんげん》は何でしょうか。

二十一世紀初頭という時代において、結局、何が要請《ようせい》されているかというと、「世界的な課題を解決すべき時期に来ている」ということです。

今、さまざまな地域、民族の間で発展した文化・文明、価値観等の違いをめぐり、世界の混乱、不統一、不調和、憎《にく》しみ、対立、争い、戦争、貧富の差などの大きな課題が数多く起きています。

世界が七十億以上の人口を抱え、百億に向かおうとしているこの時代に、「『世界精神』となるべき、世界的な意味での指導原理が現《あらわ》れてこなければならない」という時代要請を、私は、強く強く感じているわけです。

『人格力』一〇三〜一〇四ページ

ＨＳＵの学問は、こうした時代要請を受けて、大川総裁の「世界精神」を体現し、新しい文明を創ろうとするものなのです。

◆日本と世界に「未来への発展の基盤《きばん》」をつくる人材を

「新しい文明を創る」ためには、それを担う人材の養成も必要になります。

二〇二〇年の入学式で大川総裁は、新入生に向けてこう述べられています。

あなたがた自身の力で、次は組織の力を挙げて、全世界で、新しい文明の源流から大きな文明をつくっていくのだという、そういう気持ちを持ってください。

法話「徳への階段」より

二〇一八年の入学式法話「未来へ貢献する心」ではこう述べられました。

やはり、自分の一生で「新しい価値」を生み出して、日本と世界に「未来への発展の基盤《きばん》」をつくる人材になっていただきたいと思っています。

『道なき道を歩め』二五ページ

また、二〇一六年の入学式法話では、こんな考え方も披露《ひろう》されています。

今の日本の大学教育は、天才を潰《つぶ》す教育です。したがって、私のほうは、「これ

を断固として乗り越《こ》えていきたい」と思っています。

先ほど述べたように、ＨＳＵ生の学力はさまざまですが、平均以下の人は、もちろん「平均以上の人間」にするつもりでいますし、平均の人は「秀才」にします。秀才は「天才」に変え、天才は「偉人《いじん》」に変えます。これがＨＳＵの基本的な考え方です。

『未知なるものへの挑戦』九五～九六ページ

ＨＳＵの建学の精神は「幸福の探究と新文明の創造」です。世界に貢献できる人材を創ることを志し、大川総裁の精進の姿勢にならい、自助努力の精神と、全人類の幸福に責任を持つ「高貴なる義務（ノーブレス・オブリージ）」を大切にしているのです。

3．新文明を創る四つの学問

◆「人間幸福学」とは何か——諸宗教を統合した場合の結論

大川総裁が創られた新しい学問で、すでにHSUで講義と研究が進められているのは、「人間幸福学」「経営成功学」「未来産業学」「未来創造学」の四つです。

まず「人間幸福学」は他の学問を包含《ほうがん》した概念となります。

例えば、「人間幸福学」の具体化の一つとして、「経営面において、実際にビジネスマン、ビジネスパーソンとして働いている人たちには、それが、どういうかたちで現れてくるのか」というテーマが「経営成功学」になるわけです。

また、「未来産業学部」は、理科系統に足場はありますが、やはり、「未来の人類の社会を、よりベターにしていくためには、どのようなことが可能であるか」ということを、理系的視点、あるいは、科学的視点から考えていこうという立場です。

そのトータルの概念として、一般《いっぱん》的な意味での「人間幸福学」が全学部にかかっているわけで、要するに、これは、創学の理念としても存在しているものなのです。

『「人間幸福学」とは何か』一五〜一六ページ

つまり、人間幸福学は、前節で述べた「諸学の統合」を体現した学問といえます。

あらゆる領域の学問活動、および、人間の諸活動を「人間幸福学」という名前で統括《とうかつ》し、「人間が構成している社会」を基本テーマとしつつ、「人間が構成している社会が、どうすれば、『個人としての幸福』と『全体としての幸福』を増加させていくことができるか」という大きなテーマに対して、大学という研究機関を用いることで末永《すえなが》く研究していこうという考え方なのです。

ここには、現在ただいまの問題も、当然視野に入っていますが、五年後、十年後、二十年後、あるいは、百年後に起きることであっても、このテーマであれば、新たな問題として探究していくことができると思います。

『「人間幸福学」とは何か』二二～二三ページ

一〇〇年後に私達の子孫がどのような問題に遭遇するかを予測するのは非常に難しいものがあります。たとえば、その時代には臓器移植用にクローン人間が開発されているかもしれません。「クローンは是か非か」など、難しい問題が発生しているかもしれません。

ただ、どのような新しい問題が発生しても、その立場において、やはり、問題解決を図って、どうすれば人類を幸福に導けるかを考える必要があります。そうした場合に、文系・理系問わず、総合的に問題と向き合って解決していこうとする学問を研究していく場所が、ＨＳＵです。

幸福の科学の理論を用いて世の中を「ユートピア社会」に変えていくために、日々、研究を重ね、世の中に良き影響を与えていくことが使命です。

したがって、研究範囲は、非常に多様で、統合的なものになっています。細分化していくことが学問の発展だと考える昨今の風潮とは異なるものもあるのですが、これからはそういう統合的な考え方が必要になると考えているのです。

大川総裁はこう述べられています。

今、新しいステージに立ち、「人間幸福学」という観点から、もう一度、諸学問を見直してみることは、かつての哲学の立場でもあり、また、諸宗教が学問化された場合の結論でもあり、さらには、近代において宗教の枠《わく》から外れていった科学をも取り込んで、もう一段の価値判断を構築する作業であると言えるでしょう。

私たちの基本的な考えとして、人間とは、「この世に生まれてきたからには、この世で生きていく間に自分の人生を光り輝かせていく」だけでなく、「共に住む他の人々や同胞《どうほう》たちと、あるいは、国を超えて、他の国との関係においても、幸福な社会をつくっていく」という使命を負っている存在だと捉《とら》えています。そのために、知識ベースとして役立つものを、できるだけ学問のかたちで確立し、それを提供できるようになっていきたいと考えているのです。

『「人間幸福学」とは何か』四一～四二ページ

このように、人間幸福学は、諸学を統合して、一人ひとりの幸福を実現し、幸福な社会を創ろうとするものです。それは「人間とは何か」を問うものであり、宗教の本質を探究するものでもあります。

ただ、哲学や宗教学や仏教学《ぶっきょう》も、無霊魂説《むれいこんせつ》の影響を受けて唯物化《ゆいぶつか》しているため、魂の存在を前提《ぜんてい》とした学問を再構築する必要があるといいます。

医学の研究やロボット工学の研究の進歩した現代であるからこそ、「魂」の問題も学問的に論じられ、研究されるべきだと思う。かつて、ソクラテス、プラトン時代に当然として語られ、釈迦の教えでも「業《カルマ》」を認める以上、その主体としての「魂」があるのが当然なのに、現代では哲学は、数学や記号論理学の親戚《しんせき》となり、仏教学は無神論・無霊魂説を強調しはじめている。
今一度、「原点」に戻るべきだ。

『「人間学概論」講義』まえがき

二〇世紀以降、心理学が宗教を代替《だいたい》するものとして広まっているところがありますが、霊的世界の探究が十分ではないため、大川総裁は「**心理学なるものも、まだまだ未発達の学問であるかのように感じられます**」(『「人間幸福学」とは何か』)と述べています。さらに、心が病《や》んだ人の研究が中心で、健全な人たちや成功者の心理の研究がまだ十分ではないと指摘されています。

大川総裁の諸学問を見直していく探究は、すでに九六冊に及ぶ「幸福の科学大学シリーズ」として結実されています。それだけではなく、前述した三一五〇書を超える著書にも基《もと》づいて、人間幸福学では、哲学、宗教学、心理学をはじめとする人文系の学問を中心に修め、新文明の創造に貢献しようと志しているのです。

◆「経営成功学」とは何か——百戦百勝する方法の研究

「経営成功学」も、大川総裁が創唱《そうしょう》した新しい学問です。

ポイントは、「経営学」といわずに、「成功」の文字が加えられていることです。

なぜ、「経営学」ではなくて「経営成功学」なのでしょうか。

「経営学」は確かに巷《ちまた》に溢れており、それに関する本はたくさんあります。ただ、

経営学の場合、基本的には、いろいろな会社の経営について分析したり、経営学者が出した経営理論を学説史的に辿《たど》ったりするものが多いのではないかと思います。

「経営成功学部」においては、「経営」に「成功」という言葉を付けたわけですが、これは、「結果に対する責任」が入っていることを意味しています。

「経営」だけを言うのであれば、経営に成功しても失敗してもよいわけでしょうが、「経営成功学」には、「結果において、『成功しない経営』というのは望ましくない。結果において成功していただきたい」という価値判断が一つ入っているのです。

『「経営成功学」とは何か』一二三ページ

この問題意識の背景にあるのは、長らく日本の会社の六〜七割ほどが赤字になっているという現実です。

節税による意図的な赤字も含まれるにしても、七割が赤字ないし失敗で構わないというのは常識的に見て成り立つものではありません。

そこで、既存の「経営学」が果たせないでいることへの挑戦として、十割が黒字になる方法を研究することをミッションとするのが経営成功学です。

どの業界も打率三割が精いっぱいであるのでしょうが、そのなかにあって、あくまでも、「百戦百勝する方法は、はたして存在するか。科学的、学問的にありうるか」ということを追究してみたいと思います。

それを理論的に追究し、実践面でも、現在進行形の会社や、過去に存在した会社等についても研究して、「経営成功学」なるものが成立するかどうか、学問的に研究してみたいのです。

それは非常に難しいことであろうとは思いますが、そういうことを、今、考えているところです。

もし、この「経営成功学」というものを、学問としてくり出すことに成功できたら、その内容を授業で聴《き》いた人が企業家《きぎょうか》として成功するだけではなく、国全体の富を増すことにも必ずなるでしょうし、この国における税収減や財政赤字体質を改善する力になる可能性もあるのです。

『「経営成功学」とは何か』二二～二三ページ

この学問が成功して、大きく広がっていくと、どのような世の中になるでしょうか。まず、いろいろな企業が赤字を脱して黒字になります。企業が黒字になれば、所得も増えます。すると、国にとっても、税収が増えることになります。

現状、六～七割の会社が赤字ということは、それだけの会社が税金を払っていないことになります。すると、心情的にまともに税金を払っている三～四割の会社は「正直者がばかを見る」ような感覚に囚《とら》われて、税金を払うのがばかばかしくなります。これは健全な社会の姿ではありません。

しかし、七割以上の会社が黒字になり、税金を払うようになれば、今度は税金を払わない三割の企業のほうが、なんとなく肩身の狭い思いになるでしょう。そして、「今は赤字だが、早く税金を払えるようになりたい」と考える企業が増えれば、社会が健全化していくことになります。

そうであれば、やはり、「どうしたら十割の会社が黒字体質になれるか」を研究することは、非常に意義があるといえます。

要するに「百戦百勝の経営学」を目指すのが「経営成功学」の基本姿勢です。

もちろん、その方法を編《あ》み出すのは簡単ではありません。成功した企業の研究だけでなく、失敗した企業の研究、人間学や採算学も必要となってきます。会社を取り巻く経営環境をよく知るために、政治や経済、国際情勢の研究も必要です。その意味では、「経営成功学」も、幅広い学問領域を修めながら、智慧を磨いていく学問です。

また、先に述べたように、経営成功学は「国全体の富を増す」ことも志しています。黒字企業が増えれば、政府の税収も増え、財政赤字体質も改善できるからです。

通常、財政赤字を克服するには、税制を改めたり、歳出を削減したり、経済学や財政学の知見を用いて、様々な手段を講じるものです。大川総裁は、そうした経済学のあり方にも言及される一方で、一つひとつの会社を黒字化することで、国民も政府も豊かにしようと志されています。この意味で、経営成功学は新文明の建設に寄与《きよ》する学問であるといえます。そのため、従来《じゅうらい》の経営学を超えて、経済学や政治学の領域をも包含することになるのです。

◆「未来産業学」とは何か——神の領域に挑戦

未来産業学もいわゆる理系分野を統合したまったく新しい学問です。従来の分類でいえば、数学、物理学、化学、生物学、工学、農学などを網羅しています。

大川総裁が描かれる未来産業学の研究ビジョンはとてつもなく大きいものがあります。

ほかの理系学部が「非現実だ」「空想だ」「そんなことありえないよ」などと言って、まだあまり手が出ないようなところにチャレンジしていかなければ、やはり、新しい学部をつくる意味はないのではないかと、基本的には思っています。

すなわち、「今はまだ、この世にはほとんど存在していないもの」、あるいは、「『こんなものがあったらいいな』といった端緒《たんしょ》、きっかけのようなものはすでにあっても、まだかたちにはなっていないもの」、要するに、正式に、カチッとした〝産業のレール〟の上を走っていない、そうした分野を開拓せずして、新しい大学で未来産業学部をつくる意味などないと考えているのです。

要するに、「二十一世紀まで来た人類として、少なくとも理系頭脳を有している人ならば、興味関心を持ち、惹《ひ》かれてしかたがない」というようなところに対し

ては、徹底《てってい》的に斬《き》り込んでいくのが基本姿勢です。

『「未来産業学」とは何か』二四～二五ページ

実は、大川総裁は、「新文明の源流」の基礎は、理系にあると述べられています。

「新文明の源流」となるその基礎は、文系の人には残念なことですが、やはり、理系の技術、あるいは、その成果にあると言うべきでしょう。それによって、「文明の進化度」は測られるのです。

『「未来産業学」とは何か』二八ページ

さらに、こうも指摘されます。

「理系であっても、やはり、〝神の領域〟に挑戦しているのだ」という気持ちは

持っていただきたいと思います。

『「未来産業学」とは何か』二九ページ

この意味で、未来産業学の重要性はかなり高いといえます。『「未来産業学」とは何か』では、具体的な研究テーマもいくつか提示されています。たとえば、次のようなものがあります。

・工場で野菜をつくる。
・陸上で海水魚を養殖する。
・飢えをなくしていくための、より生産性が高く、自給能力が引き上げられるような方法。
・いかにして、資源の少ない日本が、新しいエネルギーを生み出すか。
・原子力に代替する未来のエネルギーを開発する。

・原子力を維持する場合、その安全性を極限まで高める方法。
・日本とアメリカを三時間で飛ぶ技術。
・宇宙に出る技術。
・独自の航空技術や宇宙技術。
・幸福の科学の次元構造を科学的に理論化する。
・反宇宙と裏宇宙の部分が、霊界とのかかわりで、どのように説明できるのか。
・霊界研究を科学的に進める。
・霊的に観える大宇宙《だいうちゅう》の姿を理論物理学的に解明する。
・介護ロボット、お掃除ロボット、自動車を組み立てるロボットなどのもう一段の進化。
・多次元の解明。
・宇宙航行《こうこう》の方法。
・UFOの推進原理やエネルギー源の解明。

・地球外生命体の研究や交流の仕方等の研究。

これらの研究テーマを概観《がいかん》するだけで、未来産業という学問の名に象徴《しょうちょう》されるように、かなり未来志向《しこう》であることが感じられるはずです。以上の研究テーマのうち、すでにいくつかの研究が始まっており、具体的な成果も上がってきています。

校舎内の植物工場では、葉物《はもの》はもちろん、メロンやジャガイモなどの果物・穀物の育成を始めている他、キク科の根菜ヤーコンを健康食材として応用する研究にも着手しています。

二〇二三年三月には、「革新プラズマ技術研究所」が開設され、小型核融合装置の研究を本格的に稼働、世界一を記録している実験もあります。小型核融合装置は、安全でサイズ・費用とも効率がよいため、実用化に向けた研究が進められています。

また、超小型人工衛星の打ち上げ・通信成功、他にも空飛ぶクルマなど次世代モビリティにつながる研究、食料問題の解決を目指した魚の養殖技術の開発、V

Rに応用可能なインターフェースの研究、理論物理学をベースとした次元構造の解明などが進められています。

海外を含む学会発表は一二〇件を超え、特許も四件取得するなど、着実に成果が上がってきているのです。

◆「未来創造学」とは何か――どのような未来社会を構築すべきかを考える

未来創造学も幅広い学問領域にまたがる新しい学問です。

大川総裁は、二〇一三年時点で、次のように述べられています。

要するに、産業をつくるのではなく、法律や政治、行政行為《こうい》、および組織理念など、「未来学」の文系的な部分を基礎にして、「どのような未来社会を構築していくべきか」という観点から考えてみようということです。

今のところ、既成《きせい》の法学部・政治学部系統に完全に乗るわけではなく、その原点に当たる部分から未来社会を再構築してみようと考えています。

『「未来創造学」入門』一五ページ

「未来を創造する」となると、その範囲は非常に広いものがあります。たとえば、「人間幸福学部」で「幸福学」の観点から未来社会を築く方法があります。また、「経営成功学部」で、仕事での成功を通して幸福を実現していく方法もあります。

そんななか、二〇一五年の開学当初は、経営成功学部の一部門として「未来創造コース」がスタートし、二年目の二〇一六年、未来創造コースは未来創造学部として独立しました。未来創造学部の政治・ジャーナリズム専攻《せんこう》コースにおいては、政治学・法律学の他に経済学やジャーナリズム研究も加わり、また同時に芸能・クリエーター部門専攻コースも置かれることになりました。

このように、人を幸福にする政治・文化（芸能）の新しいモデルを探究・創造するのが未来創造学です。一見、政治と文化（芸能）はまったく関係のないようにも見えますが、学問の本質が「真・善・美」の探究であることを考えると、実は政治やジャーナリズム、芸能、クリエーターのジャンルを総合的に学ぶのは当然ともいえます。

「この世のなかで、多くの人々を惹きつけてやまない、感性的なるものは何であるか」ということの研究にも、入っていく必要があるのではないでしょうか。
もちろん、政治・ジャーナリズムには、「善」の部分もありますし、「真理」の部分もあると思いますが、芸能やクリエーターの部門では、「美」の部分、あるいは感性的な部分の探究もあると思います。

『未知なるものへの挑戦』五一〜五三ページ

「政治・ジャーナリズム」と「芸能・クリエーター」は、共通する部分は意外と多いといえます。

政治家は人前で立って演説をする機会も多いし、テレビに出る機会も多くなっています。ジャーナリストも人の気持ちや考えに影響を与えるという意味で共通する部分があります。現代では映像を通じて表現することも多くなっていますし、解説者・司会者などとしてテレビに出る機会も増えています。芸能人も時事問題のコメンテーターとして活躍することが多くなりましたし、政治家に転身する人も少なくありません。

いずれにしても、政治家、ジャーナリスト、芸能人、クリエーターは「影響力が大きい」という共通点があるため、やはり一定の見識が必要になりますし、神の正義を探究する姿勢が求められることになります。

大川総裁は、ＨＳＵの未来創造学部に「政治・ジャーナリズム専攻コース」と「芸能・クリエーター部門専攻コース」がある理由について、次のように説明されています。

「芸能コース」と「政治コース」が一つの学部のなかにあるわけですが、私は、これはかなり〝コラボ〟するものだと思っています。どちらか片方で通用する場合は、実際は両方に通用するのではないかと考えているのです。というのは、今は、テレビ時代になっているので、テレビに出られないようなレベルでは、なかなか政治家としても成功しないからです。

ですから、政治コースだけではなくて、芸能コースにも、きちんと政治などの勉強をさせて、将来、映画やドラマなどで主演が取れなくなってきたときには、政治家に転身することも可能なように、実は、カリキュラムに必要な科目を仕込《しこ》んで組んであります。

したがって、若いうちはできるだけ、「自分の顔と名前を売るだけ売っておきなさい。多くの有権者に知ってもらいなさい」ということです。そして、「そろそろ芸能系としては落ち目かな。いちおうピークを迎《むか》えたかな」と思ったら、ＨＳＵ

での教学を生かして、次は政治のほうに出てみるということもあるでしょう。

『光り輝く人となるためには』四七～四八ページ

すでに卒業生からは、映画に出演する俳優、歌手、地方議員やジャーナリストとして活躍する人も出始めています。「真・善・美」を深く探究しつつ、ユートピア建設に向けた実践的な学問を志向するのが未来創造学の特徴です。

◆ＨＳＵの未来構想

このように、人間幸福学、経営成功学、未来産業学、未来創造学、いずれの学問も、これまでにない新しい学問の創造を目指しています。それは、諸学を統合していく試みであると当時に、未来社会、ひいては新文明創造を志すものです。

その果たすべき使命の大きさから考えると、ＨＳＵで研究すべき新たな学問は、まだまだ広がっていくことになります。

開学一年前の二〇一四年に大川総裁は、次のような大学構想を述べられています。

大学（ＨＳＵ）は、最初はとりあえず三学部（「人間幸福学部」「経営成功学部」「未来産業学部」）でスタートします。当会の強みを生かした学部が三つできて、それから先は、今のところ八学部ぐらいまで広げていく予定を組んでいます。そして、最初につくる学部から、さらに分化《ぶんか》していく予定です。

『世界に羽ばたく大鷲を目指して』二一六ページ

現段階で明らかになっているＨＳＵの発展構想は、たとえば次のようなものです。

・国際コースが独立して、国際学部として独立する。

・教員を目指している人に対応するため、教育学部を新設する。

・未来産業学部から未来科学学部が独立する。
・将来的には医学部もつくる。

現代の医学は進んでいる面もありますが、唯物論的な診療と治療が行き過ぎている面があります。それは、すべてを脳の働きとして考えたり、人間を機械のように扱ったり、物質として取り扱うような部分です。

実際、人間の身体に魂が宿っていることを前提にすると、かなり危ういところがあります。たとえば臓器移植などは、魂の存在を前提としていないため、魂が離れていない状態で臓器を取り出すようなことが起きています。すると、取られた側は痛みを伴うことになります。そのため、取られた側が、移植を受けた側に、取り憑いてしまうことがあります。

こうした霊的真実は、幸福の科学の教えを学んでいれば理解できるのですが、残念ながら医学部の教科書には載っていませんので、多くの医師は、善意で臓器移植を進めてしまいます。

心の病も霊的な影響が多いといわれますが、精神科医や心理学者の多くはそのことを知らないため、医療に不十分な点が出ています。

さらに、終末医療についても、来世を信じている場合と、信じていない場合では、患者に対する態度が大きく変わってきます。「あの世などない」という立場で患者に接すると、死後に戸惑って、安かな旅立ちを阻害することがあるので、末期で亡くなっていく人に対する医療には、現時点で問題が大きいといえます。

いずれにしても、教育学や医学についても、やがて本格的に、真理の光を当てて再構築していくことになります。その意味で「新しい学問を創造する場」としてのＨＳＵの挑戦は、まだ端緒についたばかりです。

開学一〇年で成果が上がりつつあるとはいえ、その遠大《えんだい》な理想からみれば、課題も多いし、その歩みはまだわずかに進んだ程度です。これから謙虚《けんきょ》な努力を営々と続けていく必要があります。

◆地球神信仰が未来文明を拓く

新しい学問を次々と生み出している大川総裁は、一九八一年に大悟し、人類救済の大いなる使命を持つ「エル・カンターレ」であることを自覚されました。『太陽の法』などで詳しく説かれていますが、エル・カンターレとは、仏と神とを合一させた存在であり、地球系霊団のなかで最も権威を持って人類を指導し、人類の草創期《そうそうき》以前から地球に責任を持つ霊存在です。大宇宙を創造された、創造主・造物主でもあり、そしてその意識の一部が釈尊です。

また、キリスト教でいう「主《しゅ》なる神《かみ》」、ユダヤ教にいう「エローヒム」、イスラム教にいう「アッラー」、中国の孔子《こうし》がいう「天帝」、さらには日本の根本神である「天御祖神《あめのみおやがみ》」でもあります。

キリスト教も、イスラム教も、ほとんどの宗教は、地上《ちじょう》の預言者《よげんしゃ》が「神の声」

を聞いて興《おこ》した宗教です。一方、幸福の科学は、かつてイエスが「父なる神」と呼び、ムハンマドが「アッラー」と呼んだエル・カンターレという偉大《いだい》な霊存在が、地上に降臨《こうりん》して興した宗教です。その教えが「神の声」そのものであるからこそ、これまでの諸宗教、諸思想、諸学問を統合することが可能になるのです。

そのエル・カンターレを信仰することは、神々の主であり、造物主であり、創造神を信じることであり、「地球神の存在を認める」ということでもあります。

この地球神から見て、現代の学問は、あるべき人類の姿から離れていると繰り返し述べられています。

言い換えれば、「未知の領域、信仰の領域を学問化する」ことが、今求められているのです。

それは、単に現代の諸問題を解決するだけでなく、霊的文明と科学文明とを融合した新文明を築くことを意味します。それはまた、宇宙時代の未来文明を拓くことにもなるのです。

私は、すべての人々、すべての魂を救《すく》うために、
地上に現れました。
なぜなら、私は「創造」そのものだからです。
私は、この地球の創造力の顕現《けんげん》であり、
この大宇宙の創造力なのです。
これは、幸福の科学の、
そして、人類にとっての、
最大の秘密《ひみつ》です。
今こそ、その秘密が明かされるべきです。
創造力とは何でしょうか。
それは、どこから来るのでしょうか。
私を見るとき、

あなたがたは、みな、
その創造力を、その目で見ているのです。
愛の根源、慈悲《じひ》の根源、
全宇宙の創造のエネルギーを、
目《ま》の当たりにしているのです。

その「隠《かく》されていた名」は、すでに明らかにされました。
その名前を、私は、あえて示しました。
しかし、「それ」は、物質的なものではありません。
人間ではありません。
そういう存在です。
だから、ここでは、「それ」と表現しているのです。

あなたがたは、その霊的な力を知っているでしょう。
その霊力《れいりょく》の根源を知っているでしょう。
そして、あなたがたは、今、この根源の力とつながっているのです。
この根源的な力を信じ、
それと心を同通させ、
それを愛している自分を発見するでしょう。
この根源の力とは「根本仏《こんぽんぶつ》の偉大なる力」なのです。

未来社会は、あなたがたの信仰の上に築かれます。
エル・カンターレを信じよ。
さすれば、あなたがたの未来社会が開けてくるのです。

『救世の法』二二〇～二二三ページ

第二部

主なる神への信仰に基づく学問とは

何が本来の学問を歪めたのか

1. 人間学——人間の本質は霊的存在《れいてきそんざい》である

黒川白雲《くろかわはくうん》

◆「人間の定義」から、魂《たましい》や霊が抜《ぬ》け落ちていることの問題

学問を新しく創りかえるためには、まず「人間学」の見直しから取り掛かる必要があります。どういう人間観を持つかによって、それを根底とする他の学問もすべて変わってくるからです。

二〇二三年七月に開催された国連《こくれん》のＡＩ会合では、人間そっくりのロボットが登場し、記者会見で流暢《りゅうちょう》に受け答えをしていました。チャットＧＰＴに人間風の顔と音声をつけたような感じです。見た目も受け答えも人間そっくりでしたが、高度な人形劇に過ぎず、当然ながら人間とはいえませんが、見かけ上、ＡＩやロボットがますます人間に近づいてくる未来が迫っています。

この意味で、今こそ、「人間とは何か」が問われる時代に来ているのです。人間の本質は肉体だけではありません。幸福の科学教学では、魂《たましい》と肉体の合体が人間であると定義づけています（『「人間学概論」講義』『人間学の根本問題』参照）。大川隆法総裁は霊言《れいげん》などを用いて、霊的《れいてき》世界が存在《そんざい》すること、人間の本質が霊であることを証明されています。

本来、宗教《しゅうきょう》とはそういうことを教えるためにあるのですが、その宗教ですら、無霊魂説《むれいこんせつ》・唯脳論《ゆいのうろん》の影響《えいきょう》を受けているのが現状です。現代仏教《ぶっきょう》も無霊魂説に傾いています。

たとえば、国際仏教学協会の名誉会長の方は、「各仏教学派はその教義においてそれぞれ大いなる相違を示《しめ》していますが、それでも一つの共通点をもっています。それは実体（アートマン）の否定である」と述べています（※）。

ここでいわれているアートマンの否定とは、「六大煩悩《ろくだいぼんのう》などの欲望を取り去った境地」という意味の無我《むが》ではなく、「実体としての無我」です。「我」とはアート

※ T.R.V. Murti, The Central Philosophy of Buddhism, p.26

マンであり、その「アートマンがない」というのは「何も存在《そんざい》しない」ということになるようです。これが現代仏教学における、〝釈尊の説いた無我の解釈〟です。

つまり、無霊魂説に陥っているのです。

「仏教学」には、五蘊仮和合説《ごうんけわごう》という人間観があります。五蘊とは「色《しき》（身体）・受《じゅ》（感覚）・行《ぎょう》（意志）・想《そう》（想像）・識《しき》（認識）」のことです。「この五つが仮にある条件のもとで和合してつくられているのが『我』というもので、これらを統合するような第六のものがあるわけではなく、ましてや神のような存在によって創られたのでもない。肉体（身）と精神《せいしん》（心）は相互作用の関係、不二《ふに》である」というのが五蘊仮和合説です。つまり、本来、肉体自我への執着を去るための霊的な教えだったものが、後世《こうせい》の仏教学派や仏教学においては、〝肉体のない精神は妄想《もうそう》である〟といった無霊魂説と誤解されているのです。

こうした影響は、仏教系の大学にも及んでいます。

浄土真宗本願寺派《じょうどしんしゅうほんがんじ》の宗門《しゅうもん》関係学校として設立された武蔵野《むさしの》大学に二〇二四年度、

ウェルビーイング学部ができます。その学部長に就任予定の前野隆司氏は、元々ロボットの触覚や思考回路の研究者です。ロボットを研究するうちに、興味関心が次第《しだい》に人の心、つまり脳の研究へと移行していきました。これが彼にとっての「幸福学」という新しい学問領域の始まりであり、人がどうしたら幸せになれるのか、そのメカニズムを明らかにすることを目指していると述べています（※）。

左記は、前野氏の著書紹介文です。

意識とは何か。意識はなぜあるのか。死んだら「心」はどうなるのか。動物は心を持つのか。ロボットの心を作ることはできるのか――子どもの頃からの疑問を持ち続けた著者は、科学者になってその謎を解明した。「人の『意識』とは、心の中でコントロールするものではなく、『無意識』がやったことを後で把握するための装置にすぎない。」この「受動意識仮説」が正しいとすれば、将来ロボットも心を持てるのではないか？という夢《ゆめ》の広がる本。

（『脳はなぜ「心」を作ったのか』筑摩書房ホームページより）

※「ブレることなくずっと幸せ。元ロボット研究者が幸福学を 15 年研究して気づいたこと」https://www.lifehacker.jp/article/234575takashi_maeno_1/

受動意識仮説というのは、「まず意識があって、その命令に従って行動する」のではなく、「無意識の小人（脳のニュートラルネットワーク）」がそれぞれ自立的に動いていて、その後《あと》で、「自分が意識した」と錯覚《さっかく》するという考え方です。いわば、人間をロボットのように見立てているわけです。

また、彼の著作《ちょさく》には「神や神秘《しんぴ》体験や霊魂は、すべて脳が作り出したものとして説明《せつめい》できるのだ」とハッキリ述べられています。完全な無霊魂説です。

武蔵野大学のような、本来霊的であるはずの浄土宗系の大学で学部長に就任する方でも無霊魂説に陥っているのです。ウェルビーイング学部というのは、訳すと「幸福学部」ですから、ＨＳＵの「人間幸福学部」と似た名称ですが、人間観においては対極にあります。

ちなみにオクスフォード大学でも『幸福学』に関する書籍を出しているのですが、幸福を探究《たんきゅう》するためのアプローチとして、「サイコロジカル（心理学的）アプローチ」や「フィロソフィカル（哲学的《てつがく》）アプローチ」と共に、「スピリチュアル（霊的）アプローチ」を挙げています。唯物論《ゆいぶつろん》的な日本の学会とは対照的に、世界的潮流としては、宗教的アプローチが大きな柱の一つになっているのです。

◆「霊肉二元論《れいにくにげんろん》」から「霊主肉従論《れいしゅにくじゅうろん》」への転換

「人間とは何か」という宗教的アプローチは、ソクラテスの時代から始まっています。

ソクラテスは霊的な実在（イデアやフォルム）と物理的な実在の区別について議論しており、真理や善などの抽象的な理念を高く評価し、これらを理解することが最重要だと考えていました。また、魂が肉体とは独立した存在であり、死後は霊界（イデアの世界）に属し、知識を追求し続けることができると考えていました。

プラトンによると、真実や美、善などの普遍《ふへん》的な概念《がいねん》は、イデアの世界に存在しています。イデアは永遠不変です。一方、物理的な世界は変化しやすく、不完全であり、イデアの世界の不完全な反映に過ぎないと考えていたのです。私たちが日常経験する物質《ぶっしつ》的な実在は、真の実在の影であり、本質的な真実からは遠く離れているというのが、ソクラテス＝プラトンの人間観です。

これは幸福の科学の根本経典『仏説・正心法語』でいう「肉体は　これ　霊の影」と同じ理論《りろん》です。

ところが、現代の学問は、「霊肉二元論《れいにくにげんろん》」の影響を受けています。

「霊肉二元論」とは、物質的な世界（肉体、物理的な実在）と非物質的な世界（霊、魂、神の領域）の間に明確な区別を設《もう》けるのが特徴《とくちょう》です。「霊肉二元論」が人間の心と体を分離して考えたことで、体（物質）の方をより深く研究する道が開かれました。この結果、人間の体を機械的に解釈する考え方、すなわち「人間機械論」へとつながっていきました。「人間機械論」は哲学にも大きな影響を及ぼしています。

大川総裁は、「霊肉二元論」の間違《まちが》いをこう説明しています。

人間は、死んですぐに、肉体と霊魂が、きれいさっぱりと分かれて、スパッと割《わ》れているような気持ちになるわけではありません。そのことを知ってください。キリスト教の間違いは、ここにあります。キリスト教は、デカルト的な「霊肉二元論」をとり、「霊と肉は、まったく別のものであり、両者は関係がない」というように考えています。

しかし、真実は、そうではありません。この点については仏教のほうが詳《くわ》しいのですが、真なる意識の奥底《おくそこ》までのあいだには何重もの精神構造があり、表層《ひょうそう》のほうは肉体意識と同通しているのです。霊体《れいたい》は、そういうものをまとっているので、霊体のほうにも肉体の影響はそうとう出ます。

『霊界散歩』四三～四四ページ

こうしたデカルト的霊肉二元論は、西洋医学に大きな影響を与《あた》え、臓器移植《ぞうきいしょく》がラクラクとやれる理論にもつながっています。肉体と霊魂が関係ないなら、臓器は部品に過ぎず、付け替え自由という発想になります。しかし、幸福の科学では臓器には意識があり、それが拒絶反応の原因《げんいん》になっていると教えています。これは人間観の違《ちが》いがもたらす悲劇です。大川総裁は、次のように指摘しています。

西洋医学というのは、もともとの出発点がどこにあるかというと、デカルトの霊肉二元論あたりから始まっているのです。霊そのものがあることは認めていたのですが、それは現実的にはわからないことだからということで、神学とか宗教のほうにポンと押しやってしまって、それ以外の科学のほうは、この世的な肉のほう、物質のほうなどを対象にするというふうに分けた。分けたがゆえに、結局《けっきょく》、片方のことを考慮しなくなってきた。その流れのなかに西洋の医学もあるのです。

『フランクリー・スピーキング』一四二ページ

幸福の科学教学では、「霊肉二元論」ではなく、「霊主肉従論《れいしゅにくじゅうろん》」が正しいとしています。霊的なもの（霊、魂、精神）が、物質的なもの（肉体、物理的な実在）よりも重要だという考え方です。霊性が肉体をコントロールしているが、同時に、肉体も霊性（霊体）に影響を及ぼすと言及《げんきゅう》しているのが特徴です。

「霊は　全《すべ》ての　全てにして」とあるように、ほんとうは霊が究極の全てなのです。（中略）

宗教では「霊が主で、肉が従である」というのが普通の考え方であり、それを、「肉体はこれ霊の影」と表現しているのです。

ただ、それだけでは誤解される余地があります。実は、もう一つ、「色心不二《しきしんふに》」という考え方があるのです。「色」とは肉体、あるいは物質的な現われ方のことであり、「心《しん》」とは霊的な存在のことを意味します。

要するに、「霊主肉従ではあるが、実は霊肉は不二一体《ふにいったい》なのだ」という考え方で

す。（中略）

たとえば、病気になろうと思えば簡単です。心労が重なれば、からだに影響が出て病気になります。心が影響し、肉体に変化が起きてくるのです。

また、その逆の場合もあります。たとえば、不摂生《ふせっせい》によって栄養のバランスを崩したり、運動不足になったり、事故などによって肉体が損傷《そんしょう》を受けたりすると、心にも影響が出てきます。精神のほうも痛手《いたで》を受けるのです。

このように、肉体的な原因によって、心にもそうとう影響が出るので、人間のほんとうの幸福のためには、ある程度、肉体面にも配慮する必要があります。（中略）

しかし、最も否定されるべきなのは、肉体しか見えない考え方です。これがいちばん危険です。

したがって、肉体に執《とら》われないためには、霊主肉従――「肉体はこれ霊の影」という考え方を持っていなくてはなりませんし、同時に、「色心は不二である」ということも知っている必要があるのです。

『信仰論』一五六〜一五八ページ

このように、肉体ばかりを重視する考え方も、霊のみを尊いとする考え方も超えて、「色心不二」――大切なのは霊性の向上であるが、そのために肉体も大切に扱う――という一体化した考え方が、人間の幸福には欠かせないものです。

霊と肉体を分けて考える「霊肉二元論」からは、どうしても唯物論的な肉体観が出てきます。その結果、肉体は自分の好きなようにしていいと考えるようになり、フリーセックス論やLGBTQのような問題が出てきます。ジャニーズ事務所（現・SMILE-UP.）等、昨今の芸能界の性加害問題もその延長かもしれません。日本の芸能界は、見世物小屋《みせものごや》の興行《こうぎょう》がルーツになっている面があって、奴隷契約《どれいけいやく》のような形で、事実上の人身売買《じんしんばいばい》が行われていた世界です。近年になってようやくこうした体質を見直そうという動きが出てきましたが、単に問題視して禁止するだけではダメで、やはり「人間とは何か」という人間観のところから見直していく必要があります。

◆「新しい人間学」が時代精神の源流となる

五官《ごかん》（目、耳、鼻、舌、皮膚の肉体器官）だけに基《もと》づいた価値観では人間を完全には理解できません。現代の学問は「無神論・無霊魂説」に傾いていますし、表層的で、哲学や宗教学が本質的な議論から遠ざかっています。複雑で難解な言葉を使うアプローチに入りがちですが、本質的な思考が欠けてはいけません。学問は、時代や文化を進展させる重要な役割を果たすべきでしょう。

学問は、宗教的視座から人間学をさらに深く探究し、より高度なレベルに到達すべきです。神に近い理想的な人間像についての分析《ぶんせき》が大切です。それは、釈尊やイエス、ムハンマドなど、先人たちの悟《さと》りを比較分析することで果たされます。

その過程で、学術的な体裁が整っていることを超えて、もっと本質的な問題に迫らなければならない厳しさもあるでしょう。

たとえば文学部系なら、人間理解を本質的に深める使命を果たしているかどうか。大川総裁は、**「小説的な人生論を、あれこれと考察するだけ」ということであれば、「学問としては非常にさみしいのではないでしょうか」**と問いかけられています。まして、人文科学において、人間の身体や脳の機能を分析しても、やはり「人間が分かった」とはいえないでしょう。

大川総裁は、学問の本質について次のように述べています。

今から二千年前や三千年前の宗教や哲学等で説かれている「オリジナルな思想」から見れば、レベル的にはかなり落ちているのですが、それを「進歩している」と考えているところに、現代の知識人の哀《あわ》れさがあるような気がします。

大学がたくさんでき、学問領域がいろいろと専門分化し、それぞれの学位を持った学者が数多く出てきているため、学問が花開き、ずいぶん進歩したようにも

（『人間学の根本問題』）

見えます。
しかし、「肝心の要《かなめ》」と言うべき中心部分がなければ、それは、要するに、「核《かく》弾頭《だんとう》の入っていない核ミサイル」のようなものであり、「撃《う》ったところで何の意味もない、攻撃《こうげき》力も破壊《はかい》力もないものにしかすぎない。中身がなくて殻《から》だけだ」ということになりかねないと思うのです。（中略）
そういう意味では、それを学んだ者が、「人間の人生にとって何らかの役に立つもの」を得られないのであれば、やはり、「学問としては虚《むな》しい」と言わざるをえないと思います。

『人間学の根本問題』二四～二五ページ

以上の議論を踏まえて、最後に「人間をどう定義すべきか」を考えたいと思います。
これまで、「ホモ・サピエンス」（知恵のある人）、「ホモ・フェノメノン」（現象人）など、いろんな定義が考えられてきましたが、人間の本質から考えていくと、やはり「ホモ・スピリタス（Homo spiritus）」（「霊を宿す人」）と定義すべきではないでしょうか。

世界を取り巻く現在《げんざい》の複雑な状況《じょうきょう》で、ここで論じてきた「人間観」は、個人の内面的成長を促《うなが》すと共に、社会における人間の尊厳を高め、調和と発展をもたらす基礎《きそ》となります。HSU創立者・大川総裁が創り出そうとされている「新しい人間学」は、人々が互いに理解し合い、世界的調和をもたらすための新しい学問となり得るのです。

さらに、この「新しい学問」は、世界が直面している宗教や思想の対立や多岐《たき》にわたる紛争の解決策を提供できるものと考えます。個人の内面的価値観や考え方の変化が社会や世界の外面的変化を引き起こすからです。

個人と社会、そして地球全体の調和と発展を目指す根源《こんげん》的な学問である「新しい人間学」、そして、この「新しい学問」の創造《そうぞう》こそが、二一世紀《せいき》以降の未来に向け、より良い世界を築《きず》くための「世界精神」の源流となっていくものと考えます。

2・宗教学――価値判断がなければ天国・地獄も一緒になる

金子一之

◆統一教会問題の背景にある日本社会の思考停止

宗教学の研究では「価値中立」が求められる。

しかし、世間の宗教学者への評価は、病名の診断できない医者と同じである。

（中略）

私自身は、日本に一本の精神的価値秩序を立てようとしているし、それが世界にも通じるようにしようとしている。

『宗教学者「X」の変心』あとがき

二〇二三年一〇月一三日、文部科学省《もんぶかがくしょう》は、旧統一教会に対し、教団への解散命令を東京地方裁判所に請求しました。違法な高額寄付《きふ》の被害を重く受けとめ、「組織性」「悪質性」「継続性」の三要件で判断しているといいます。

あたかも、一九九五年に日本を震撼《しんかん》させた「オウム教」事件の再来として、宗教団体の組織犯罪であるかのように動いていますが、この問題がクローズアップされたきっかけは、ご存知のとおり安倍晋三《あべしんぞう》元首相《もとしゅしょう》の襲撃《しゅうげき》殺害事件です。

この動きは、政治やマスコミが、殺人事件という個人の犯罪をすべて「宗教の問題」にすり替えているように見えなくもありません（旧統一教会の一連の問題がそれ以前からあるのは事実ですが）。すると、次のような問題点が浮かんできます。第一は、「宗教は悪」という偏見のもとに世論《せろん》を誘導し、報道が歪《ゆが》められているのではないか。第二に、その結果、そもそも宗教の意味、善悪の判断が分からずに、日本特有の全体の〝空気〟に支配され、政権側も、自らの失策の隠蔽や政権浮揚《ふよう》のための人気取りに、この動きを政治利用しようとしているのではないか、という疑念です。

政府には、こうした動きが、基本的人権である「信教の自由」の侵害という重大な「憲法遵守義務違反」の可能性があるという思考はなさそうですし、むしろ、これを奇貨《きか》として、この〝空気感〟を盛り上げたようにも見えます。現政権にとって非常に好都合だったからでしょう。なぜなら、空気支配が力を持つと、ファクトとフィクション、善と悪の区別は意味を持たなくなるからです。

評論家の故・山本七平《しちへい》氏は、第二次大戦時の日本軍の判断や原子力問題、自動車公害問題などを例に挙げながら、日本には空気支配、すなわち「その場の空気に逆らって水を差してはならない」というある種の絶対的な道徳律があり、そのもとには、論理的判断は一切《いっさい》無駄になると述べています。しかも、空気が意思決定者だから、責任の所在もわからない。「『空気』とはまことに絶対権力をもった『妖怪《ようかい》』である」（山本七平著『空気の研究』）というわけです。

さらに、この空気支配の正体が、すべてを絶対化の対象とする日本のアニミズム的世界観にあると指摘します。確かに、すべてを神（絶対化）として怨霊《おんりょう》すらも祭り上げてしまう日本神道《しんとう》的宗教観には、善悪も天国地獄の区別もないのです。

私は、宗教と学問の側に立つ人間として、日本社会のこの思考停止、妖怪性の問題の真の原因は、「宗教の意味を伝え、宗教の善悪の基準を示すべき宗教学が学問として有効に機能していない」ことにあると感じるのです。

◆唯物論によって歪められた宗教学の三つの問題点

宗教学を含《ふく》む学者の方々には〝共通の外してはならないルール〟のようなものがあるように感じることがあります。

その第一は、「魔術からの解放」というルールです。現在の宗教学には「霊言や宗教の教義などは学問として認められない」という姿勢があります。以前、日本宗教学会のある方とお話しする機会があった際、その方は「霊言っていうのは学問じゃないからね」と、ポロッと本音を漏《も》らしていました。「霊言」自体は認めていても学問のなかに入れたくないようなのです。

なぜ、そんなにも霊言に抵抗するのでしょうか。それは、マックス・ウェーバーの書いた「魔術からの解放」が学者としての使命だと確信しているからです。

しかし、本来、目に見えない世界や、それに対する信仰の大切さを説くのが宗教です。神秘的な力、信仰の力を排除《はいじょ》してしまっては、「宗教学」はもぬけの殻であり、大川隆法総裁が繰り返し警鐘《けいしょう》を鳴らしていたように「**ガラクタの山**」（『悟りを開く』）にならざるを得ません。

そうした学問が幅を利《き》かせてきた結果、もっとも顕著《けんちょ》な弊害《へいがい》が出てきている一つが、伝統仏教でしょう。

たとえば、お寺の跡継《あとつ》ぎになる人は、仏教系の大学に行き、卒業後、いわゆる本山《ほんざん》に入って修行して、僧侶《そうりょ》になるパターンが多いと思います。大学の仏教学や宗教学を勉強しているものだから、無神論者・不可知論者《ふかちろんじゃ》になり、「死んだら何もなくなる」という考えのもとで、お葬式《そうしき》や供養《くよう》をしている僧侶が数多くいるのです。

あの世も霊もないならば、人間はただのモノ、機械の扱いになります。ならば、亡《な》くなった方に引導《いんどう》を渡し、成仏《じょうぶつ》に導くと考えてきた仏教の葬儀は成り立たないはずです。

形骸化《けいがいか》した仏教のことを〝葬式仏教〟と揶揄《やゆ》されることがありますが、驚くべきことに、現在の葬儀事情はもっと〝進んで〟いて、病院から火葬場に直行し、「釜前読経《かままえどきょう》」といって、10分で供養して火葬に付す「直葬」が増えているのですが、これは危険です（鵜飼秀徳著『寺院消滅』参照）。

伝統的に通夜《つや》、本葬と数日かけて葬儀を行ってきたことには意味があります。人間の魂は、死後一日～二日は肉体と霊が霊子線《れいしせん》でつながっており、その間、肉体への感覚は、霊となったその人に伝わります。つまり、霊子線が切れる前に火葬された場合、僧侶があの世のことを知らず、あの世に導けない場合、亡くなった人は生きながらにして焼かれるのと同じ感覚を味わうことにもなりかねません。

これまで法律において、死後二四時間以内の火葬が禁じられていたものが、コロナ禍《か》で感染防止の観点から特例として、「二四時間以内の火葬も可」となり、死後間もない時間で火葬される場合もあったと思います（直葬の割合は四・九%〔二〇二〇年〕から、一一・四%〔二〇二二年〕へ急増〔※〕）。

こうなると、生前、あの世の存在も霊の存在も知らなかった人であれば、魂存在となった後も苦しみ続けるか、恨《うら》みを持ったまま不成仏霊《ふじょうぶつれい》として家族や知人に障《さわ》りを起こすケースがさらに増えるだろうと思います。その結果、ますます人の魂を救《すく》うという公益としての宗教の仕事が困難になってしまいます。

人間の死に際して引導を渡し、霊となったその人をあの世の彼岸《ひがん》に導かずして、魂の救済《きゅうさい》、心の救いはありえません。まさに「宗教学」や「仏教学」が本来の機能を果たしてないのです。

学問界のルールの第二は、「価値中立」という態度です。私は、「価値判断をしないこと」が学者としての〝基本教義〟のようになっていて、断固これを崩さないという強い意志を感じたことが何度かあります。

※ 2022年3月実施「第5回お葬式に関する全国調査（2022年）」調査結果
（いい葬式HP参照）

前述した宗教学会の方と宗教対立の問題について話をしたとき、私はその克服のための意見を述べました。「お互いの理解不足が宗教対立の原因であるので、信仰や教えの違いばかりにとらわれず、共通の部分は何なのか、もっと真剣に見つめる努力をすべきなのではないか」と。それに対しては、「そんなに簡単に結論を出せるものではない！」というご意見で、対話が上手く嚙み合わなかった記憶があります。

大川隆法総裁は、『悲劇としての宗教学』のなかで、日本の宗教学の祖ともいえる岸本英夫元東大名誉教授以降の宗教学ついて、次のように示されています。

岸本氏以降、いわゆる東大宗教学科出身の宗教学者は数多くいますが、岸本宗教学は、彼らの考え方の底流や基調を成しているものの一つだと思います。（中略）生前の岸本氏は、「科学としての宗教学」を唱《とな》えつつ、「価値中立」という立場をとっていました。

要するに、宗教学に対して科学性を求めると同時に、価値の中立を主張し、「宗教の善悪等については触《ふ》れない」というような立場をとったのです。

こうした傾向は、この人の孫弟子《でし》ぐらいに当たる宗教学者たちや宗教評論家たちにも出ていると思います。

『悲劇としての宗教学』一四～一五ページ

「価値中立」という名の判断停止（エポケー）は、「宗教学」のみならず学問全般に共通してみられる姿勢であり、これは学校での教育にも影響を与えています。

中学校の道徳の時間に、「善悪なんか分からない」と教わったという話を、私は何人もの学生から聞きました。

善悪の区別がつかなければ、動物と同様に、強い者が善となり弱い者が悪となる「弱肉強食の世界」となります。学級崩壊《ほうかい》やいじめ問題が年々エスカレートしているのも、精神的基盤《きばん》を失った結果、この〝ジャングルの世界〟が展開されているからでしょう。「**価値判断をしないということは、『この世は地獄界《じごくかい》と一緒である。天国も地獄も一緒である』**と言っていることと同じ」（『生命の法』）なのです。

文部科学省は、「特別の教科」として小学校の「道徳」を科目化し、充実させる方向性を打ち出しています。「道徳」は、善悪の教育にとって大切なものですから、その姿勢には共感を覚えますが、残念《ざんねん》ながら、宗教を排除する限り道徳も抜《ぬ》け殻となります。善悪を分けるものは、人間の心ではなく神の心であり、神の心から流れ出してくる教えだからです。

第三は「科学至上主義」、目に見えるものだけを研究対象とする態度です。確固とした証拠が確認できていない神話や言い伝えはすべて作り話で、たとえば、旧約聖書に登場するモーセについても「作り話だ」「実在の人物ではない」と教えている大学教授もいるようです。宗教や神そのものをフィクションとして教えるなら、何のための宗教なのか、学生たちや世の人たちは、ますますわからなくなります。

また、科学技術《ぎじゅつ》の進展から宗教衰退《すいたい》を論じる学者もいます。数年前に、「フォーリン・アフェアーズ・リポート」で、「神の時代の終わり？──世界における宗教の衰退」という論文が掲載されました。「宗教から遠ざかる要因となった繁栄の拡大や長寿化という、強力かつ長期的で技術主導のトレンドが覆されるとは考えにくい」というもので、宗教の説く「現世利益《げんせりやく》」は、科学技術に勝てない、すでに「宗教は終わっている」という主旨の主張です（※）。

「この世がすべての世界」であれば、そういう考えもあり得るでしょうが、死後、永遠の生命があった場合、「どうすればいいか分からない」という人を大量に生み出してしまうでしょう。すべての人間が死を境《さかい》に還る本来の実相世界を示すことができるのは、正しい宗教のみです。

信仰と教えを拠《よ》り処《どころ》とすることで、「この世とあの世を貫く幸福」「悟りという名の幸福」、すなわち地獄に堕ちず天国に還れる本当の幸福を手にすることができます。「宗教はアヘンである」といった思想家もいましたが、この世の幸福のみを

※「神の時代の終わり？── 世界における宗教の衰退」Giving Up on God The Global Decline of Religion　ロナルド・F・イングルハート　ミシガン大学名誉教授　フォーリン・アフェアーズ・リポート　2020NO.9 参照

考えるのは、それこそが、真理を知らない無明《むみょう》の苦しみから、一時的に逃れようとする麻薬にしかすぎないのです。

また、「宗教＝現世利益」という理解を前提《ぜんてい》に、宗教衰退論という結論を出すには、宗教への理解が浅すぎると思います。宗教には、ご利益を感じられる場面もありますが、それは信仰に目覚めるための入り口、方便《ほうべん》の機能であり、宗教の説く幸福の本質ではありません。正しい宗教は、信仰者に純粋な信仰を要求します。キリスト教しかり、イスラム教しかり、仏教しかりで、世界宗教に共通する考え方です。最終的にはこの世の欲望を捨てて神に仕える生き方、執着を捨て去り、神仏に帰依《きえ》する清らかな生き方を求めるのです。

人間が正しく生きるには宗教が必要です。ゆえにこそ、「宗教」は人類史上なくなったことはなく、「**なくならない理由は、『それが真実だから』**」であり、「**真実の世界を意味しているから**」（法話「悟りの原点を求めて」）です。この〝真実〟から考えれば、「唯物論的科学至上主義」は、正しい宗教の前に敗《やぶ》れるしかないのです。

◆神仏の心そのものに迫る、新しい宗教学について考える

現在の「宗教学」は、客観性、価値中立を強調し、信仰や教義の内容に踏み込《こ》まず、組織の形態やそのなかで生活する信仰者の姿などの〝宗教の外側〟を捉《とら》えるものとされています。

しかし、本来的な意味で宗教学を捉え直すならば、神仏の心そのものに迫る努力をし、それを人生の指針として知的に学べる対象とすることに使命があるはずです。それを学び舎《や》として具体化したものがＨＳＵです。ＨＳＵは、世界の諸宗教を包括《ほうかつ》・統合する地球神、神々の主《しゅ》エル・カンターレへの信仰と、「幸福の科学教学」を中核に据《す》えて諸学問をふるいにかけ、現代から未来社会に有益な思想を取り出そうとしています。多くの人たちが共通に学べる人類の知的遺産をつくる「学問の総本山」を目指しているのです。

その意味で、本論考で述べたことは、狭い意味での宗教学ではありません。HSUが提唱する「人間幸福学」と、その中軸にある「幸福の科学教学」こそ、新しい時代の「宗教学」であり、学問の中心となるべきだ、と考えているのです。

そのミッションを、大川総裁は次のように示してくださっております。

全世界がこれから求める真理の基準、「真《しん》・善《ぜん》・美《び》」について、私たちは、今、もう一度、新しい基準を打《う》ち立《た》てようとしています。

ソクラテスや孔子《こうし》、釈迦、イエスの時代を、「枢軸《すうじく》の時代」とヤスパース（ドイツの哲学者）は呼びましたが、「二千五百年前の前後に、重要な人物がたくさん出てきて、世界の人類の道徳や倫理《りんり》の規範《きはん》ができた」と言われています。

二千五百年たった今、これから未来が文明として開けていくときに、必要な倫理基準、あるいは考え方、イデアは何か。

「真・善・美」は、二十一世紀において、どうあるべきか。それは三十世紀にも

四十世紀にも通用するものであるかどうか。
これを問うのが人間幸福学部の使命です。

『未知なるものへの挑戦《ちょうせん》』四五～四六ページ

この新しい倫理基準とすべき「真・善・美」とは、実は、創造主（主なる神）の持っておられる三つの徳目であります（『アジア・ミッション説法《せっぽう》集』第10巻『質疑応答集』参照）。すなわち、創造主の徳目を探究し倫理基準として打ち立て、新文明の源流をつくる――これが人間幸福学が目指している究極の目標なのです。

数々の混乱が世界各地で起き続け、地球全体が闇のなかに吸い込まれてくなか、この「大きな志」のもと、「世界の灯台」となって世を照らすために、多くの若者たちが集ってくることを心から願っております。

3・国際学――「世界への愛」で発信力を高める

松本泰典《まつもとやすのり》

◆発信力において、日本は共産主義国家・中国に負けている

近年、「国際」や「国際教養」と名のつく学部が増えてきました。「グローバル」「グローバリズム」などの言葉もよく使われています。

しかし、「国際学」「国際教養学」とは何かといえば、実は、非常に分かりづらいものがあります。ある意味「何でもあり」の〝おでん〟のように曖昧《あいまい》なのです。

HSU人間幸福学部に「国際コース」を立ち上げる際に、私も国際系の学問・教育の内容をいろいろと調べてみましたが、総じてみると、「コミュニケーション中心の語学教育をやります」というものや「国際政治や国際経済、外国の文化を学びます」というものがほとんどであることが分かりました。

確かに日本の語学教育は、高校までは文法中心で教わるので、それを使ってコミュニケーションできるようになる教育は大切です。しかし、「コミュニケーションが流暢にできるようになり、それで何がしたいのか」というと、大学で教えている学問のなかに「その中身がない」という現状に、疑問を覚えました。

現在の日本の国際教育からは、「世界をリードする」という発想が、どこを探しても出てきません。どちらかといえば、「欧米のものは偉い」「外国についていけるように」「海外に行ったときに恥をかかないように」という、明治《めいじ》の頃の発想から抜けていないのではないでしょうか。それに気づいたとき、「これらを真似《まね》ても〝モチーフのない絵〟になってしまう」と感じました。

新渡戸稲造《にとべいなぞう》の霊言では「グローバリズム」について、欧米についていくことではなく、「発信するもの」があり、それを世界に広げることであると主張されています（『日本人よ、世界の架け橋となれ！』）。

発信力でいえば、中国などはある意味たいしたものです。共産主義的・覇権主義的な発信なので内容の良《よ》し悪《あ》しは別として、「一帯一路《いったいいちろ》」など、国際社会における国《くに》のビジョンがあり、それを広め、浸透させる発信力があります。実は、国レベルで発信すべき意見があると、国民に自信が出てくるのです。一方、日本人には、自信がありません。それは、広めたいものがないからです。政治家が外交政策に取り組んでいても、国民はその内容をほとんど語れないのがよい例です。

日本の教育現場でも、もちろん「発信力が大事だ」とはいわれています。しかし、その中身は、「積極的に発言しよう」というレベルです。「どの方向に世界を引っ張るか?」「内容は?」となると思考停止してしまうのです。

しかし、長らく空白であった「日本が発信すべきもの」が現在、生まれてきています。それこそ、大川隆法総裁が説かれる仏法真理です。その教えは体系的で、国益に留《とど》まらない地球レベルでの正義《せいぎ》の視点、「主《しゅ》なる神《かみ》が求めている世界の理想像」がしっかりと入っています。

創立者・大川隆法総裁先生は、民族を超え、国境を超え、地球上すべての人を未来にわたって幸福にすべく、世界五大陸を不惜身命《ふしゃくしんみょう》で巡錫《じゅんしゃく》されています（※）。また、人類が直面している諸問題に対しても解決の指針を示し続けてこられました。その全人類を幸福にせんとする御姿こそ私たちの理想であり、幸福の科学・ＨＳＵに「世界性」という遺伝子をつくっています。

今、世界を見渡すと、貧困や戦争など、解決の非常に難しい問題が山積しています。仏法真理にはそれを解決するヒントがたくさんあるのですが、それを発信しなくてはいけません。どうすれば、神の正義が地球レベルで実現できるか、貧困や戦争をなくすことができるか、その方法を学問的に探究し、さまざまな言語で世界に発信しなければならないのです。

その意味で「国際政治学」や「国際関係論」などの中身には疑問があります。たとえば国連やＥＵ、ＡＳＥＡＮなどの国際協調を重視する「グローバリズム」「リベラリズム」が主軸ですが、実際は、国益がぶつかり合うドロドロの実情があります。たとえば中国の習近平《しゅうきんぺい》国家主席は、演説で「世界平和」や「諸国の

※大川隆法総裁は世界各国で英語説法されている。これまで巡錫された国・地域は、アメリカ、イギリス、韓国、オーストラリア、ブラジル、インド、ネパール、フィリピン、香港、シンガポール、マレーシア、スリランカ、ウガンダ、ドイツ、台湾、カナダ等。

繁栄」といったことをよく発言しますが、やっていることは覇権の拡大です。本音が別にあるのです。そうしたリアリズム、地政学的な国際情勢を見る目を養《やしな》い、その上で意見発信ができる人材を育てなければならないと感じました。

日本では、学者やマスコミのレベルでも、「こうすべきだ」という意見を発信できる人が非常に少ないのが現状です。「Aさんはこう言っている。Bさんはこう言っている。Cさんは……」など、情報の紹介にとどまっています。

中国の発信力は、発展途上国《はってんとじょうこく》を借金漬《づ》けにし、従属的《じゅうぞくてき》な関係に置くために使われています。であるならば、日本は、地球神（主なる神）への信仰に基づき、世界を幸福な方向へリードする発信をしていかなければならないのではないでしょうか。

いくら英語力があっても、発信する中身、世界をリードする思想性がなければ、ただの〝英語屋さん〟です。語彙《ごい》が豊富で流暢に話せるだけでは、どうしても不十分だと思われるのです。

したがって、「中身のある語学」を身につけ、発信できる人材を生み出すのが、ＨＳＵ国際コースの使命ではないかと考えました。

◆実践的な語学力をどう教えるか

こうした使命感の上に、国際コースでは、実践で使える英語の習得も目指しています。カリキュラムを組む際に非常に意識したのは、「プラクティス（練習）の時間をどれだけ多く取れるか」ということです。

「発信力」ならまず、プレゼンテーション能力、ディベート能力は必須です。そこでＨＳＵでは「プレゼン・ディベート特訓Ⅰ～Ⅳ」などの科目を設けています。アメリカでもイギリスでもドイツでもフランスでも、外国の方は議論が大好きです。しかし、日本人の留学生や商社マンは、議論についていけなくてポカンとしているという光景がよく見られます。

また、日本人が弱いのは交渉力です。押しの強さだけでなく、スマートにお互いの利害を考えて交渉を成立させるには、頭脳、慣れ、そしてスキルが要《い》ります。また、ファシリテーション（グループでの話し合い等を円滑に進める）やコーチング（他人を教えて目標を達成させる）の技術も不可欠です。HSUの講義では「プロフェッショナル英語スキルⅠ～Ⅳ」などがその訓練を行っています。

そして、そこで養った能力を用いて、国際情勢についての意見を持ち、発信する力を磨きます。「黒帯英語プラスⅠ～Ⅳ」がその授業にあたります。

これらの授業では、ゼミ形式で『黒帯英語』シリーズ（大川総裁が実用英語を学習用に開発したテキスト。宗教法人幸福の科学刊）からニュース記事を選んで、学生が発表したり、その内容について議論したりします。また毎回の提出課題として、現在進行形で起きているニュース記事についてのレポート課題（記事の要約と自分の意見）に取り組んだりします。

学生に繰り返し伝えているのは、「自分は賛成なのか、反対なのかをハッキリさせ、その根拠を述べなさい。さらに、解決策を提案しなさい」ということです。議論の場でも、発表に矛盾があればロジカルに指摘し、自分の意見とその理由を述べるように指導しています。

特に『黒帯英語』は、大川総裁が膨大《ぼうだい》なニュースや書籍のなかから選りすぐりの情報をピックアップして編纂されたものです。「なぜそのトピックに注目されたのか」「これらの情報が、どのように『教え』に結実していくのか」をトレースできるため、地球神エル・カンターレのものの見方や判断を学ぶことができます。国際教養が広がり、宗教的独善《どくぜん》に陥ることもありません。「英語長文読解」の延長のような勉強ではなく、見識が同時に身につきます。

二、三年次までは正直、議論は盛り上がりません。語学力だけでなく、自分の意見を考える訓練も兼ねているので時間がかかります。四年次後期になってようやく、議論が闊達《かったつ》になり、鋭い意見が出たりします。

私がイギリスに留学していたとき、面白いなと思ったことがあります。イギリスは歴史上、植民地をたくさん持っていましたから、学生の発想も「世界」なのです。彼らの地平はイギリスだけではありません。世界に関心を持つという点で、日本人として学ぶことがあると感じました。

日本的な〝うちに籠《こも》ったコミュニケーション〟を克服し、日本人の枠《わく》を超《こ》え、世界に目を向ける。こうしたマインドは、数字などで成果を測れるものではないのですが、国内外問わず、社会に出て仕事を任されるほどに、明らかに効果が出てきます。海外で幸福の科学の支部《しぶ》に赴任している卒業生のB君は、「交渉術やファシリテーションの授業がとても役に立っている」といいます。

信仰心をバックボーンに持ち、国際教養や意見発信力、交渉力、ファシリテーション力を活用していく能力が、リーダーとして力を発揮するために必要なものなのです。「国際学」「国際教養学」とは、突き詰めれば、世界のリーダーを輩出するための学問であるべきです。

一五〇〇回以上もの英語説法を、毎回原稿なしでされている大川総裁は、その驚《きょう》異的《いてき》な英語説法能力について、次のように明かされています。

英語のうまい方はたくさんいらっしゃるので、とても敵《かな》わないと思うことはいっぱいあります。（中略）

ただ、話の内容全体をつくるとなると、難しくなると思うんです。私の場合は、やっぱり日本語で説法を数多くやってきた経験と実績が、自信になっているところはあると思います。日本語だったら、どのようなテーマでもたいてい話ができるので。

基本的に、話を組み立てられる能力と、平均以下では困りますが、一定以上の英語能力があれば、話ができるようになるということです。（中略）

だから、私の場合は、英語能力があるように見えていますが、実際は、英語能力ではなく、説法能力があるから、海外で英語説法ができています。基本的には、それが大きいですね。

やっぱり、日本語で一時間の説法ができない人は、いかに英語の達人であっても、英語で一時間の説法はできません。

『素顔の大川隆法』六二〜六四ページ

母国語でも難しい詩や文学、宗教的真理について、書けて語れるという大川総裁の英語力は、すさまじいものがあります。

また、議論のためには語学力やロジカルシンキングが必要ですが、主張したいことの論拠《ろんきょ》まで辿《たど》ると、結局、哲学や思想の問題に行き着きます。すると、HSUで学んでいる幸福の科学教学をはじめとする中身のある教養が、非常に効いてくるわけです。逆にいえば、教学が無ければ、論拠のない議論をやっている状態も多いのではないかと思います。

◆信仰教育があるから発信力が高まる

通常、語学は、資格のため、就職や出世に有利だから、便利だから、恥をかきたくないから、カッコいいからという動機で勉強することがほとんどです。しかし、HSUでの語学のモチベーションは、まったく違います。個人的な満足のためではなく、世界の人々を愛するために勉強する。世界を変えるために勉強する。そういう「世界性」「世界愛」の視点に立った学生たちが、飛躍的《ひやくてき》に伸びていきます。

たとえばガザ地区の戦争についても、幸福の科学の教えには根本的に解決する方法が説かれており、その方法を広めたいという強い願いがあります。

大川隆法総裁は、地球規模で将来のビジョンをこのように語られています。

私には、国粋主義的《こくすいしゅぎてき》な活動をしようという気持ちは、まったくありません。世界を正しい方向に導《みちび》いていきたいと思うのみです。

今、国連は、機能しているのか、していないのか、よく分からないような状況です。そのため、私は、幸福の科学の支部を全世界につくり、「こういう方向が正しいから、こちらに進むように」という情報発信《じょうほうはっしん》をし、幸福の科学の思想によって世界の人々をリードしていきたいと考えています。それだけの使命を、今、私たちは担《にな》っているのです。（中略）

今、キリスト教には世界を救う力などありません。キリスト教国がさまざまな問題を起こしているのを見れば、それがよく分かります。仏教もすでに廃《すた》れています。そして、イスラム教は、次なる諸悪《しょあく》の根源になりかねない雰囲気《ふんいき》になってきています。

したがって、次の時代の精神的原理が、どうしても必要です。

『救世の法』一一四〜一一五ページ

ＨＳＵで世界をリードする教えや方法を学んだ宗教家やビジネスマンが各国で

活躍するようになれば、国際社会に一定の影響力を持って意見を発信したり、各国の幸福の科学の支部長同士が問題解決に向けて働きかけたりできるようになります。大川総裁が描かれたそのビジョンを、私も心に刻んでいます。

「伝えたいもの」があるから、熱意が湧いてきます。その根本は、主なる神である地球神への信仰心です。その結果、語学力が伸びるのです。

ＨＳＵの語学教育のもとにあるものは、「世界の人々への愛」です。

これが、主なる神の世界性を宿したあるべき国際学であると同時に、ＨＳＵの国際コースの学生が熱意を持って学び続ける秘訣で、他大学の国際系学部や英会話スクール、語学留学との決定的な違いなのです。

4．経営学——最高の経営は最高の宗教と一致《いっち》する

原田尚彦《はらだなおひこ》

◆データサイエンスは人の心を見落としている

最近の経営学には、「計量学のすすめ」のようなテーマが多くなってきています。ある学会誌では最新の研究の流れとして「経営学のためのデータサイエンス」について特集されていました。経営現象を数値化したデータを集めて企業業績や業界指標、消費行動を分析していくというものです。その分野の一つには、統計を使う方法があります。何が原因で業績が上がったかを推定《すいてい》するものです。もう一つは、ビッグデータを使う方法です。ＡＩによる消費行動のデータ収集と、その情報をもとにＡＩに学習させて企業動向や消費行動を推定していくというものです。この二つが最先端の経営学の研究ということになっています。経営現象の分

析や事業計画策定にあたっては、経営指標の正確な数値化は必須でしょう。

ただ、こうした研究を見て、問題点として感じるのは、一点目に、「データサイエンス」的な手法に偏《かたよ》り過ぎると経営の本質を見失ってしまうのではないかということです。過去やリアルタイムのデータを参照したとしても、そこから本当に未来予測をすることができるのでしょうか。ビッグデータで因果関係を説明できるかというと、必ずしもそうではありません。

二点目に統計学やビッグデータのみに頼って経営の方向を決めていくと、過去から現在の延長上で消費者の消費行動や傾向性をそのままドライブしてしまう危険性があります。たとえば、人を堕落させたり、生活を破綻《はたん》させる商品が流行《はや》っていたとしたら、それを拡大させる方向で結果が出てきます。これについては、無神論・唯物論の影響もあり、また学問自体に「価値判断を避けている」という根本的な問題があるように思います。経営学においても、「主なる神の心を心として人々を幸福にしていく」という価値判断がなされていないために、いろいろなことを分析した結果、社会を不幸に陥れる危険性を内包《ないほう》しているということです。

三点目に、データサイエンスは人の心を見落としていることです。経営の業績には、人の心が極めて大きな作用をもたらしています。しかし、ビッグデータを取るにしても、経営者の心をつぶさに取材したり集計したりすることは極めて困難で、研究対象から外してしまっています。財務諸表など外から見えるものはデータ化し、心の動きという一番大事なところが対象になっていないのです。

有名なたとえ話に、「街灯の下で鍵を探す」というものがあります。街灯の下で何かを探している男がいるので、「何を探しているのか」と聞くと「鍵を探している」というのです。どこで鍵を落としたのかを問うと、「あちらの暗いほうで落とした。しかし、こちらのほうが街灯があって明るいのでこちらを探している」と答えるというものです。

現代の経営学は、鍵を落とした場所を探していない、つまり最も大事な経営の成功要因を研究から外していることになると思います。

◆名経営者は、唯物論者ではない

私は医療機器のエンジニアの経験があるのですが、その頃から唯物論の限界を強く感じていました。ＣＴやＭＲＩの後、医療機器分野では画期的《かっきてき》な発明が出ていません。それはなぜかというと「もの」としての人間しか見ていないからです。人間の幸福を考えたときに、心の世界、真理の探究に目を向けざるを得なくなりました。データをいじっているだけでは限界があるのです。

豊田佐吉《とよださきち》、松下幸之助《まつしたこうのすけ》、井深大《いぶかまさる》、本田宗一郎《ほんだそういちろう》など、名経営者といわれる方々は、そのほとんどが理系出身ですが、彼らが単なる技術者で終わらずに名経営者として名を残している理由は、宗教心があり、人間学を深めていたからです。収益や金融テクニックではなく、経営を通して人の心がどれだけ豊かになるか、鍛《きた》えられるか、生き甲斐《がい》が生まれるか、という人間学の本質に迫っていきました。

理系人材は、根本に「真理の探究をしたい」という思いを持っています。ですから、経営自体は唯物的なところがあるようにも見えますが、「経営の本質とは何か」を探究していった先に「人の考え方」「人の心」に向き合わざるを得なくなります。

また、利他《りた》の思いが強いのも共通しています。豊田佐吉は「母親に楽《らく》をさせてあげたい」という思いから始まって「国を発展させたい」というところまで考えていました。ソニーなど戦後の起業家たちは、戦後の日本を立ち直らせたいという志を持っていました。そして、こうした利他の思いが強いということ自体が、宗教的に見れば、創造的なインスピレーションが降りる条件でもあります。

つまり、真理探究の姿勢と利他の精神を持っていたことが、彼らを一技術者から名経営者に飛躍させたのです。

ＡＩやビッグデータは、現在、非常に華やかに見えますが、たとえば、生成《せいせい》ＡＩで経営判断をし、「ＡＩがノーを出したため、融資できません」という世界になったらどうでしょうか。ＡＩが人間の上司という世界になっていきます。

現在、国の政策として「データサイエンス学部」を数多くつくろうとしていますが、ＡＩやデータサイエンスに期待し過ぎて「心」を忘れると、幸福な世界どころか、危《あや》うい未来も考えられます。価値判断の基準となる高度な精神性や、依《い》拠《きょ》すべき普遍的な時代精神が経済・経営分野においても希《き》薄《はく》になっているのです。

◆神の御手足となって地上《ちじょう》に豊かさをもたらす

現代の経営学が対象とする顧客は、「経営者」ではなく「経営学者」になってしまっていると感じます。これに対し、経営成功学は、「顧客は経営学者ではなく経営者やビジネスリーダー、ビジネスパーソンあるいは企業である」ということを前提にし、「経営は成功させねばならない」という価値判断を明確に打ち出した学問です。

HSU創立者・大川隆法総裁は、次のように述べています。

「経営成功学部」においては、「経営」に「成功」という言葉を付けたわけですが、これは、「結果に対する責任」が入っていることを意味しています。

「経営」だけを言うのであれば、経営に成功しても失敗してもよいわけでしょうが、「経営成功学」には、「結果において、『成功しない経営』というのは望ましくない。結果において成功していただきたい」という価値判断が一つ入っているのです。

『「経営成功学」とは何か』一二三ページ

「『百戦百勝する方法は、はたして存在するか。科学的、学問的にありうるか』ということを追究してみたい」（『「経営成功学」とは何か』）とも説かれているように、どのような業種であっても、どのような環境や時代においても、経営を黒字化させ発展・繁栄していく普遍の法則を創っていくのだというミッションのもと設立されたのが経営成功学部なのです。

これは決して絵空事《えそらごと》ではありません。たとえばＪＡＬを再建した稲盛和夫《いなもりかずお》さんのように、業種・業界が変わっても企業をＶ字回復させる経営者がいるのです。こうした経営者のものの考え方、見方、心的態度に大きな論点があると経営成功学では見ています。

経営成功学を説かれる大川総裁ご自身が、ゼロから幸福の科学を戦後最大《さいだい》の宗教・世界宗教として立ち上げていくなかで、教団運営、あるいは在家時代の商社勤務のご経験も踏まえながら、「どのようなマインドで経営に臨《のぞ》めばよいのか」「どのような考え方で未知の問題に対処すればよいのか」「どのような心で、リーダーとして多くの人を率いていけばよいのか」という原理原則を仏法真理に基づいて教えてくださっています。また、過去の名経営者といわれる方々の研究も含めて、普遍的な経営思想を構築しています。

こうしたことは、統計学で取り扱うことは極めて困難です。統計学上ではサンプルが百以上ないと誤差が大きくなります。しかし、名経営者の数は当然、少ないので、統計学では測れないのです。

千年企業といわれ長く発展する企業は、必ず高邁《こうまい》な経営理念や志を立てて、企業運営がなされています。経営成功学では、こうした時代の変化を乗り越《こ》えていく力の奥にあるものも、研究対象です。

「最高の経営は最高の宗教と一致《いっち》してくるのです」（『社長学入門』）と大川総裁は述べています。

経営は、単に利潤を追求したり、組織を大きくしたりというだけではなく、その結果、「神様の愛をこの地上に形あらしめて、地上世界を豊かにしていく」「そこに携わる人々の魂が躍動して幸福になっていく」ための舞台を設定していく聖なるミッションがあると考えています。これは幸福の科学の基本教義である現代の四正道《よんしょうどう》の一つ「発展の教え」にも該当します。

そうしたミッションを果たしていく企業こそ、長く繁栄していく企業ではないでしょうか。これは唯物論・無神論では出てこない価値観であり、今、見落とされている点でもあります。また、伝統宗教においても、キリスト教や仏教の清貧《せいひん》の思想、イスラム教における貧しさの平等など、現代の経済原理にそぐわない課題も出ています。経営成功学においては主なる神・地球神の願いにおいて、この世での幸福と来世での幸福が一致する方向で経済的・経営的成功を目指すこと、つまり経済活動によって地上の繁栄を築くと共に、すべての人々の霊的な成長と魂修行の進化を目指しています。旧来の宗教が抱えている経済・経営における思想の限界をも乗り越えようとしているのです。

大川総裁は次のように述べています。

まだ地球上には、救いようもないほど貧しい国もある。今こそ、しっかりと「経営成功学」を学んで、地の果てまでも伝えようではないか。強い意志を持って、研究に研究を重ねれば、必ずや世界のユートピアづくりに貢献《こうけん》できるものと私は

考える。

　今、ＨＳＵに集った学生たちと経営成功学を学び、研究していくことによって、企業に、社会にどう貢献できるかという利他の精神を持ちながら、社会に巣立っていただく。「こうしたらお金が儲《もう》かる」というだけではなく、その結果、「どれだけ社会に貢献できるか」を各人の立場で探究し、「信仰心を持って、どのような乱気流の時代であっても力強く未来を切り拓いていく」という強い信念を持った学生を、これからも数多く輩出し、未来に貢献していきたいと考えています。

『「経営成功学」とは何か』あとがき

5．経済学――嫉妬《しっと》とたかりがもたらす国民総乞食化《そうこじきか》

鈴木真実哉《すずきまみや》

◆〝神のいない経済学〟の落とし穴

経済学はギリシャ・ローマ以来《いらい》、哲学の一分野として語られてきました。経済学の父アダム・スミスも、もとは道徳哲学の教授です。産業革命前夜、貧困を前に『国富論』を書き、このとき、哲学から「経済学」という学問ができました。

ところが、大川隆法総裁が指摘されている通り、現代における学問の多くは、経済学を含めてガラクタの山になっています（『秘密《ひみつ》の法』『地獄の法』等）。経済から哲学や道徳が抜け落ち、神の存在を前提としない理論になっているのです。アダム・スミス自身は人間を超えた神の存在を意識していたのですが、現代では「神がいなくても経済は発展する」という考え方になってしまっています。

「神がいなくてもこの地上は繁栄する」考えに加担しているのが今の主流な経済学者たちです。

〝神のいない経済学〟の代表的なものが、マルクス経済学です。大川総裁が『政治の理想について』で指摘されているように、マルクス経済学の本質は「嫉妬《しっと》の経済学」です。

嫉妬の経済学はまず、「我々は弱い存在なのだ」という前提から始まります。「人間は仏の子である」とする信仰ある立場と逆です。次に、「だから、助けてもらう権利がある」といいます。「義務」や「使命」を重視する資本主義の精神とは逆です。労働組合のストライキでも「我々は会社を繁栄させる使命があるのだ」と主張する人はいないでしょう。「権利の主張」「もらうものの主張」ばかりです。

それから、「我々は可哀《かわい》そうな存在であるが、誰も助けてくれない」という被害妄想から、「金持ちは悪いやつだ」と嫉妬します。かといって、解決できるわけではないので、結局「悪いやつは暴力を使ってでも倒せばいい」となります。

つまり、被害妄想、権利欲、嫉妬心、そして暴力性という、人間の劣情《れつじょう》を正当化したものが、マルクス経済学なのです。これらは、信仰ある者からみれば、「地獄に堕ちる条件」です。神様が見ておられると思ったならば、絶対にできないことばかりなのです。

労働者を含め多くの人が「マルクス主義では豊かになれない。自由も与えられていない」と気づき、冷戦終結後は消滅しつつあるように見えます（中国では別の事情もありますが）。しかし、その社会主義的な考え方の遺伝子は多くの人のなかにまだ残っています。それが形を変えた亡霊《ぼうれい》として現《あらわ》れてきているのが、「福祉主義」や過度の「社会保障」です。現代日本でもこうした美名のもと、国民の「たかり」に対しバラマキ政治が行われています。これでは、自助と勤勉の精神のない国民総乞食化《そうこじきか》です。

人々の心から信仰心が薄れるにつれ、神の眼を意識しない人が増え、「どうやったら得をするか」ばかりを考える唯物論的経済学が強まってきたともいえるでしょう。

◆ただの理論の遊びに過ぎない「経済的人間」

人間には、物的欲求と精神的欲求の二つがありますが、現代の経済学は、物的欲求を中心に研究されています。これにより、数学を使った物的欲望に関する経済学は究《きわ》めたけれども、もう一つ、精神的欲求としての人間という面がまったく忘れられています。

たとえば、「経済人」という概念がよく使われます。「その人の効用、満足、消費によって得られる満足が最大になればそれが合理的行動である」という考えで、経済人の合理的行動を前提にして、数学的に理論を組み立てるのです。けれども、この方法では、たとえば「おばあさんが孫のために年金の一部からお小遣いをあげて喜ぶ姿」については説明できません。おばあさんの精神的欲求は、数字で表現できないものだからです。

大川隆法総裁は、「経済的人間」なるものは〝嘘《うそ》〟だと否定されています。

人間は感情を持っています。感情もあれば好き嫌《きら》いもあって、もう千差万別なんです。だから、それについては体系化《たいけいか》できません。人々の感情や好みを体系化することはできないため、それらを一切、無視《むし》して、「経済的人間」なるものを想定し、「こういう場合には、こういうふうに動くはずだ」という、数学処理《しょり》ができるような考え方を立てているのです。

しかし、根本的に、これは〝嘘〟だと思ってよいのです。そんなことはありえないので、ただの〝理論の遊び〟です。（中略）

「経済的人間」なるものは存在しないのです。そのような〝空想〟を前提にして理論を組み立てているということを、今の経済学の欠点として知っておいたほうがよいと思います。

『知的青春のすすめ』二三七～二三八ページ

限界革命を唱えたレオン・ワルラスやF・Y・エッジワース以降、経済学に数学を使う流れが入っています。しかし、数学では、人間の世界の経済活動全体を表現することはできません。数学はあくまで手段のはずだったのに、いつのまにか手段が目的になってしまって、「数学的であろうとすることが経済学的価値」だと勘違いされるようになっていったのです。そのため、〝人間のいない経済学〟になってしまっています。（注：ワルラスらの唱えた「限界革命」の考え方自体は、一定の正当性があると私は考えています）

経済学には、「他の条件が一定なら」という言葉がよく出てきますが、これは、「その結論になるように、都合の良い条件を整えたら、目的の実験データが出ます」という意味です。「〝真空《しんくう》の中〟ならそういうデータが出ます」といっているようなものです。しかし、現実世界には空気があるわけです。したがって、現実は計算通りにはなりません。

特にこのように、現実にそぐわない〝数字のマジック〟に陥っているのが、計量経済学です。

たとえば、二〇人の生徒がいるクラスがあるとします。そのうち一〇人は身長が一五〇センチで、残りの一〇人は身長一七〇センチだとします。するとクラスの平均身長は一六〇センチです。このとき、身長一六〇センチ用の制服を二〇人分用意したらどうなるかというと、誰も制服を着られないわけです。

これが統計の罠《わな》です。平均値を出しても、一人ひとりの個性に対応した可能性を検討しないと、意味がありません。

大川総裁は次のように指摘されます。

特に、コンピュータが発達してから、計量経済学的に物事を考える傾向が非常に強くなっています。心がなく、数字だけですべてを考えて、マクロの数字、大

きな数字で考える傾向がとても強くなっているのですが、そこにも大きな落とし穴はあるのです。大義名分《たいぎめいぶん》や、「何のために」「誰々の幸福のために」というものが抜け落ちてきて、数字的に整合性をつくろうとする傾向が出てきます。

『人の温《ぬく》もりの経済学』六六ページ

本当は、経済学は「メカニズム」だけではなく、「人間」を見るべきなのです。HSU経営成功学部では、シュンペーター、ハイエク、ドラッカーの経済学を中心に学習・研究を進めていますが、この三人は特に「人間」を見ています。

たとえば、ドラッカーは次のように考えます。

「労働者」と「政府」の間にある「企業」が、どうしたら労働者を幸福にできるかというと、職務の使命を感じさせることである。一人ひとりが分担している仕事が、全体でどのような役割を持つかを知らせることで、使命感や生き甲斐を持つことができる。一人ひとりが公的役割を意識することで、結果として生産性を上げることが大事である。

この考え方は、たとえ教会では救われなかった人であっても、職業において社会貢献し使命を果たすことによって、神とつながり、救われることができることを意味します。人間の幸福に着目した経済学です。しかしこうした考え方を残念ながら現代の経済学は「経済学」と捉えないでしょう。

本当は、「人類がどうすれば繁栄するか」「どうすれば幸福になるか」ということを考えるべきなのです。数学を使ったり目新しい理論を出したりすれば経済学かといえば、違います。それは枝葉末節《しようまっせつ》です。「このボタンを押せばこうなる」という説明はできても、「なぜそのボタンを押す必要があるのか」は説明できません。「そのボタンを押すべきかどうか」という価値判断もまったくしません。けれども学問は、価値判断をしなかったらそれこそガラクタです。役に立たないのです。

◆信仰優位の経済学

経済学の本質は、資本主義を解明することだともいえます。つまり、どのように富を創造して、どのように地上を発展・繁栄させていくかを研究することです。そこで必要なのは、「信仰優位の経済学」です。

神が人間を創られたのはなぜか。なぜこの地球を創られたのか。その「目的」を霊的な意味からも理解した上で経済学を組み立てるのです。システムや制度だけが経済だというのではどうしても不十分であり、「神様はどうあることを望んでいるのか」まで追究した経済学が、これからは要ります。

では、神の御心にかなう基準とは一体何なのでしょうか。

大川総裁の著書『減量の経済学』において、新時代の富の源泉について言及されています。

富のなかにも「真・善・美」を含むものもあります。
その考え方なり、思想なり、教えることなりが「真理」を含んでいるがゆえに、それが富を生むという場合もあります。（中略）
善悪の「善」を推《お》し進め、護《まも》るために、富が生まれてくるということもあります。（中略）
そこに本来あるべきは、「神仏の心」です。（中略）
最後に、「美」が富になる場合もあります。美がその希少性《きしょう》と需要《じゅよう》の多さから富を生むという点です。

『減量の経済学』一三一〜一四二ページ

美とは何でしょうか。一つには、「『表現された愛』が美」だといいます。（『光り輝《かがや》く人となるためには』）

「多くの人に良かれ」「世のため人のため」という思いから表現されたものが、

いるわけです。

美しいということです。「その愛を、経済や経営でどう表現しますか」と問われて

その上で、さらに踏み込んで定義すると、「神の繁栄をどうやってこの地上に現すのか」ということが、これからの経済学です。政治は「神の正義」を現すために、そして経済は「神の繁栄」を現すためにあります。

神の一側面である「豊かさ」を実現することを発展といいます。「豊かさ」をこの世的に翻訳《ほんやく》すれば「富」になり、さらに翻訳したものが「貨幣《かへい》」です。貨幣自体は、目的ではありません。神の豊かさを人間が実証し展開していくことが、神が望まれる発展であり、そのために経済学があります。これが、これから新しく樹立されていく「理念経済学」の大事な使命だと思います。

信仰心がなければ、神の光は降りてきません。

これまでの経済学が目指してきた〝発展〟は、人間の自分中心的な考え方に基づく発展であり、天狗的《てんぐてき》・妖怪的な発展でした。「神」に基づく経済学者はほとん

どいませんでした。しかし、これからは、神の理想を目指した発展・繁栄を実現していくべきです。

シュンペーターは「発展」という概念を、ハイエクは「自由」という概念を経済学において打ち出しました。そして、これからの経済学は、「徳」「美」「富」を体系的に説明したものが新しい経済学になると私は考えています。その奥にあるのは、突き詰めれば「愛」です。愛を出発点にした経済学を全面的に出していくべきです。神がつくられたこの世界において、神仏の子がいかに幸福になり、豊かになっていくかを、神仏の愛を受け止めながら、多くの人々への愛としてそれを実現化すべく、探究していくのです。

「神がつくられたもの」を経済においてどう表現するか。「神の愛」を経済においてどう実現するか。そのキーワードは「感動」だと私は考えます。お客様を感動させることです。機械は感動しません。数字も感動を表しません。与えられたものを「あたり前」と受け取る人も、感動しません。常に神に感謝し、小さなことに喜びを発見できる人間こそ、愛を出発点にした経済・経営を形にしていく人です。（『経営入門』『人の温もりの経済学』参照）

幸福の科学の基本教義は「愛」「知」「反省」「発展」の「四正道」です。その第一の教えである「愛」を抜きにした経済学はありません。また、経済には「知」も必要です。そして、「反省」があってこそ、本当の「発展」があります。これから、「四正道」の経済学的展開とはどういうことなのかという研究がされるようになっていきます。それこそが、新時代の「神の経済学」であると思います。

6. 物理学——唯物論で行けば宇宙航行《こうこう》（ワープ）はできない

秋山純一

◆現代科学の二つの壁

現代科学は今、大きな二つの壁にぶつかっています。

一つ目は、「宇宙全体の構造が、どうなっているのか」という謎です。現代宇宙論では、一三七億年前にビッグバンが起きて宇宙が始まったといわれていますが、真実の姿がどうなっているのか、その全貌《ぜんぼう》はまだ分かっていません。

極小《きょくしょう》の世界も謎に包まれています。物質や宇宙を構成している元なるものは何か。原子、分子、さらに分解した素粒子《そりゅうし》までは分かっていますが、その先はどうなっているのか、分かっていないのが現状です。

宇宙の姿を観測してみると、「目に見える物質を構成するエネルギー」と「物質同士の相互作用を生み出すエネルギー」がありますが、これらのエネルギー全部をひっくるめても、実は宇宙全体の約五％にしか満たないことが分かっています。宇宙のエネルギーの約九五％は、「ダークエネルギー」「ダークマター」と呼ばれており、正体不明なのです。「分からない」ということが分かっているのです。

そんななか、大川隆法総裁は、六大神通力《ろくだいじんつうりき》という悟りの力により、地球人類がまだ到達できていない宇宙の姿を透視したり、宇宙航行（ワープ）の原理についても説明されたりしています。

日本も含めて外国もそうですが、科学者のほうはみな唯物論のほうに向かっていってしまう傾向がありますけれども、行き詰まるんですよね。（中略）**「唯物論的な科学主義」だと宇宙を知ることはできなくなるということです。**

『「小説　十字架の女③〈宇宙編〉」余話』六一ページ

大川総裁は「**唯物論で行けば、宇宙航行はできない**」ということも明かされています。唯物論的な科学では宇宙を知ることができなくなる――これが現代科学の壁の一つです。

二つ目の壁は、「生命とは何かが分からない」ということです。

現代は生命科学や脳科学などが発達しているようにも見えますが、それらはすべて、物質的・唯物論的なアプローチのみで研究が行われており、「心は脳にある」という考えが主流です。極端な例としては、人間には自由意志さえも存在しないと主張する科学者までいます。

ただ、こういった考えを基にした人間機械論の延長で創られていく人工知能（AI）などの未来が今後どうなっていくのか。私たち人類は、非常に難しい局面に差し掛かっているといえます。

大川総裁は生命の研究について、次のように説かれています。

「生命とは何か」ということについては、物質的に研究すればするほど分からなくなってくるのです。

物事には、二つのアプローチの仕方があります。「部分を集めていって全体を推定する」という実証的なやり方と、「神の考えはこうである。あるいは、哲学的にはこういう理念がある。それがこのように具体化してきたのである」というように、上からズバッと来るやり方があります。

そういう、「天の上から来る発想」と「地上から来る発想」の両方があり、その両方がなければ物事は分からないことになっているのです。

『「生命の法」入門』一四～一五ページ

「宇宙とは何か」「生命とは何か」という現代科学の二つの壁は、突き詰めて考えると、その本質は「霊的存在」に辿り着きます。宇宙も生命の本質も、目で見える三次元宇宙のみでは観測できません。したがって、現代科学の壁を破るには、科学と宗教の融合が絶対に必要になるのです。

私たちHSU未来産業学部では、そのための研究として「霊界科学」というものを探究しています。霊界科学とは、幸福の科学教学で明かされた世界の真実の姿（主なる神が創造された姿）に基づいて、この世とあの世を含めた多次元宇宙のすべてを説明することを目指す新しい科学の枠組《わくぐ》みのことです。

◆光速を超える、霊界科学の可能性

幸福の科学教学では、霊界は多次元構造になっていると説かれています。また、「仏光物理学《ぶっこうぶつりがく》」（一四八ページ※）によれば、物質は仏の光が凝集《ぎょうしゅう》してできています。その仏光の〝凝集具合〟には段階差があり、精妙《せいみょう》で微細《びさい》なものが高次元存在になり、逆に、一番粗雑《そざつ》で大きいものがこの三次元世界の物質になります。

たとえば九次元の仏光が「思いの素《もと》」または「因果の素」を表す「つぶつぶ」

※仏光物理学　三つの基本命題《テーゼ》

1 「仏の光は、親和的性質を持ったものに出合うと増幅され、排他的性質を持ったものに出合うと、それを避けて通る」

2 「仏の光は、その凝集・拡散というプロセスによって、創造と破壊を行う」

3 「仏の光は周波性を持つ」

——『黄金の法』より

図1

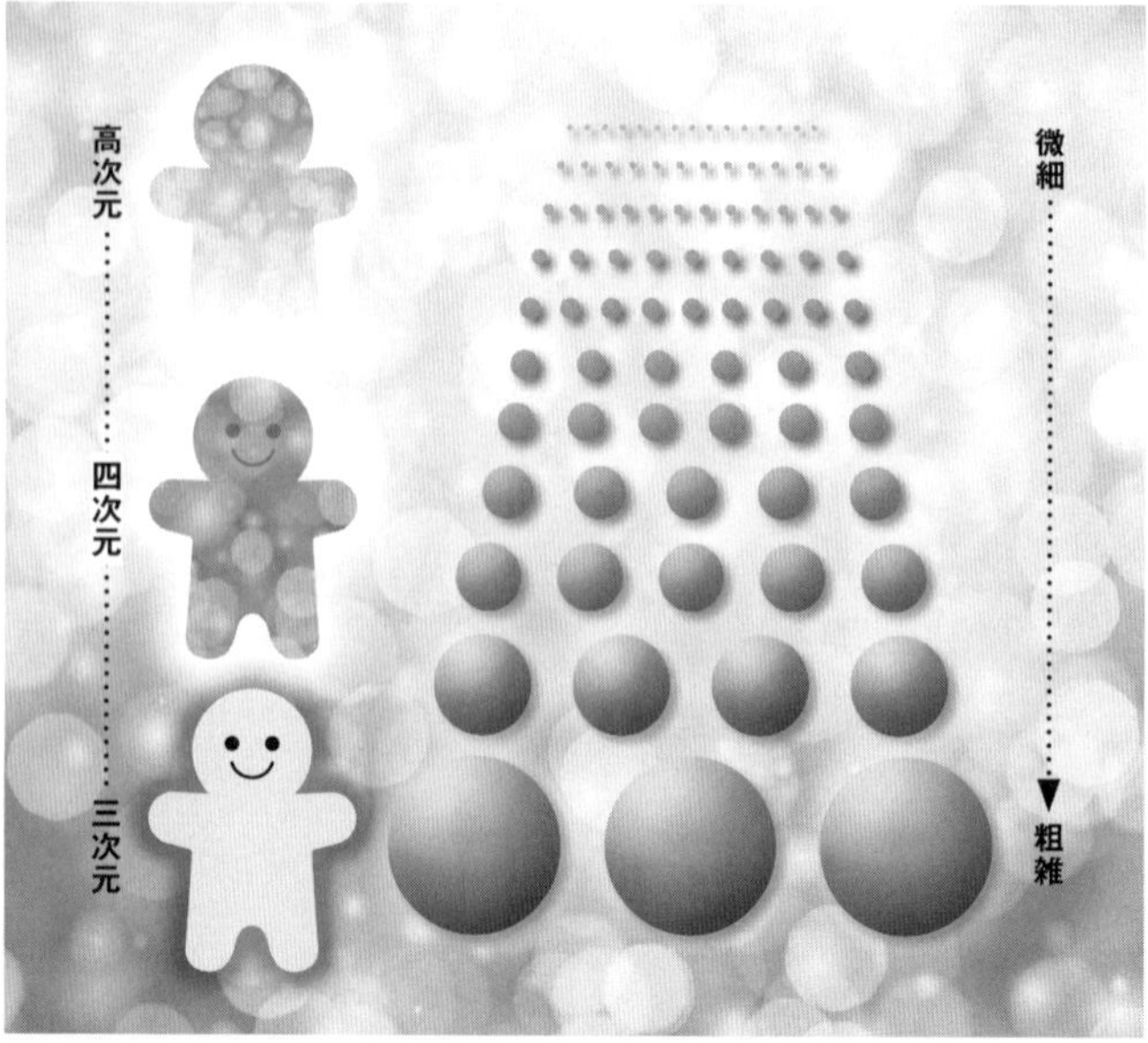

参考：「アー・ユー・ハッピー?」2023年7月号特集「絵で見る量子力学の不思議」

だとし、その仏光に、一つ下の八次元的な理念が加わったとします。すると、この仏光は、その念に応じた凝集をしてその思いを形として表現します。そうして、九次元だけだった空間に重なるようにして八次元の構造ができていきます。

さらに七次元、六次元……とできていき、私たちの住む三次元の物質界ができるころには、膨大な数の「仏の光のつぶつぶ」が「念《おも》い」のもとに集まって、三次元の一番基本的な構成要素（粒子）になるわけです（図1参照）。

もう少し具体的に説明します。仏光が四九個である特殊な構造を作って安定化し、一つ下の次元存在の要素になると仮定します。九次元を起点とすると、八次元、七次元、と降りてきて、三次元の最小構成要素は仏光が四九の六乗個集まった凝集体となります。

この仮説をもとにすると、三次元で最速とされている「光速」を超えた「霊速」について説明できる可能性があります。

つまり、このモデルでは次元を一つ上がるごとに四九個の「つぶつぶ」がバラけて、その分速く動けると考えられるため、九次元では三次元世界の光速の約百億倍以上の速さになるのです。つまり、「三次元世界においては光速を超えられないけれども、次元が一つ上がるごとにその次元の最高速度が四九倍ずつ速くなっていく」という仮説が立ちます。

大川総裁による宇宙関連の法話には、片道二三〇万光年かかる宇宙のある場所と往復《おうふく》するのに約1時間かかったという事例や、高次元を通るワープと低次元を通るワープのいくつかのケースなど、この仮説を裏づける実例があります。

こうした仏光物理学の理論が次元変換の原理を解明していくなかで、物質も本当は仏の光でできていることが証明できれば、そもそも唯物論自体の前提が崩れます(『大悟の法』参照)。私たちは、こういった基礎研究を進めることで、反重力の原理や、霊体と肉体の接続に関する研究、ワープ技術などの発明にもつながっていくと考えています。

◆「この世」と「あの世」で時間の流れが違う理由

次に、仏光物理学に基づいた時間論についてご紹介します。

大川総裁は時間について「**あの世には事実上、共通の時計がなく、それぞれの人がばらばらの時間を生きている**」「**時間に相当するものがあるとすれば、それは意識の流れ**」「**この世で言うような時間は一般《いっぱん》的にはなくて、**（中略）**『原因・結果の連鎖《れんさ》』だけはある**」と説かれます（『繁栄の法』『エル・カンターレ　人生の疑問・悩みに答える　地球・宇宙・霊界の真実』参照）。これは「霊界には地上のような客観的な時間はないが、原因・結果という『因果』は確実にある」ことを示しています。

そこで、因果の流れ自体を表す「時《とき》」と、地上で我々が感じている「時間」を概念的《がいねんてき》に分けて考えてみましょう。

まず、因果とはどのようにできるのでしょうか。「**宇宙は根本仏の念いの中に存在している**」（『不滅の法』）と説かれています。そして宇宙には無数の「思い」が

図2　因果ネットワークにおける「現在」

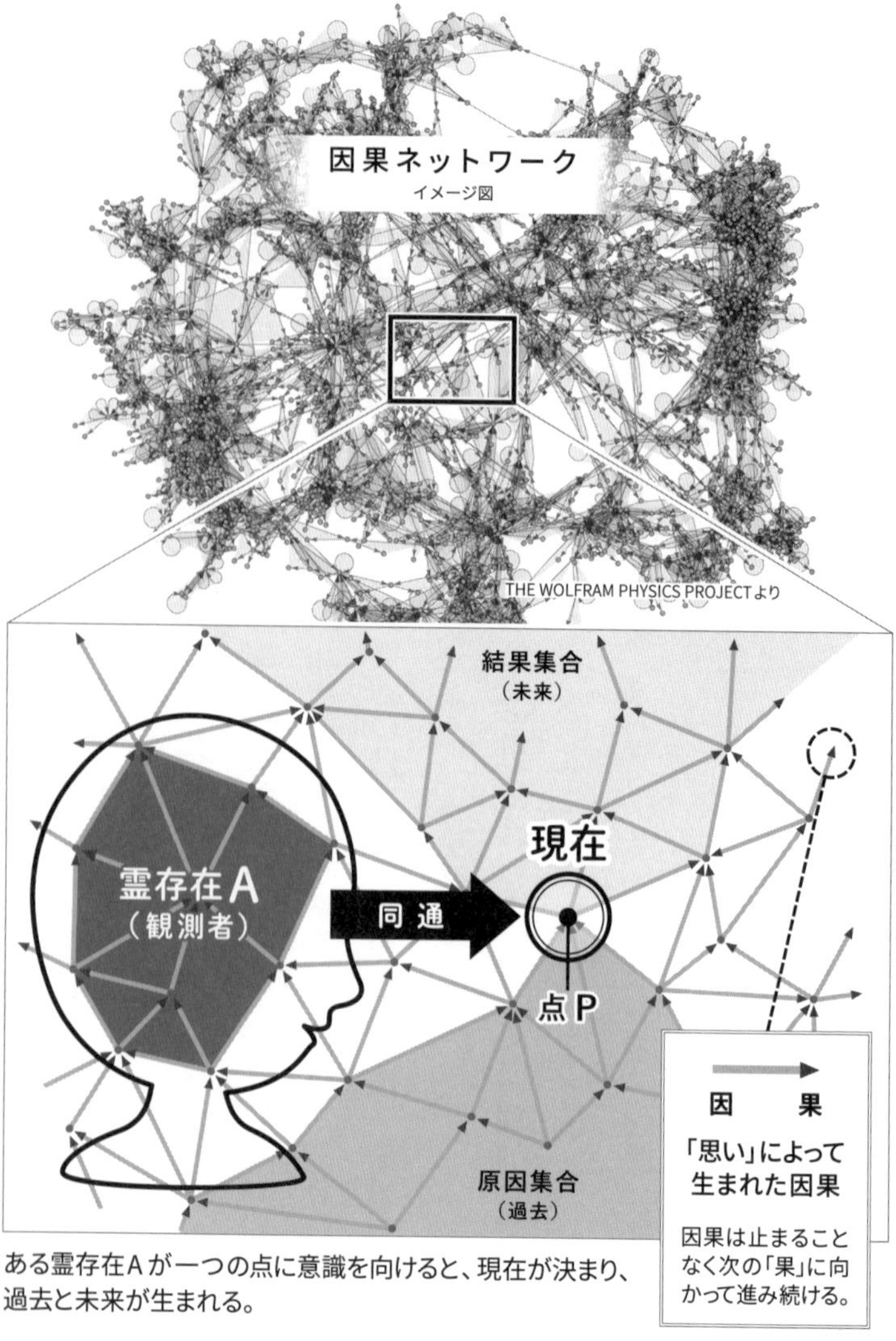

ある霊存在Aが一つの点に意識を向けると、現在が決まり、過去と未来が生まれる。

図3　「現在」の「時」による駆動 ＝「時間」

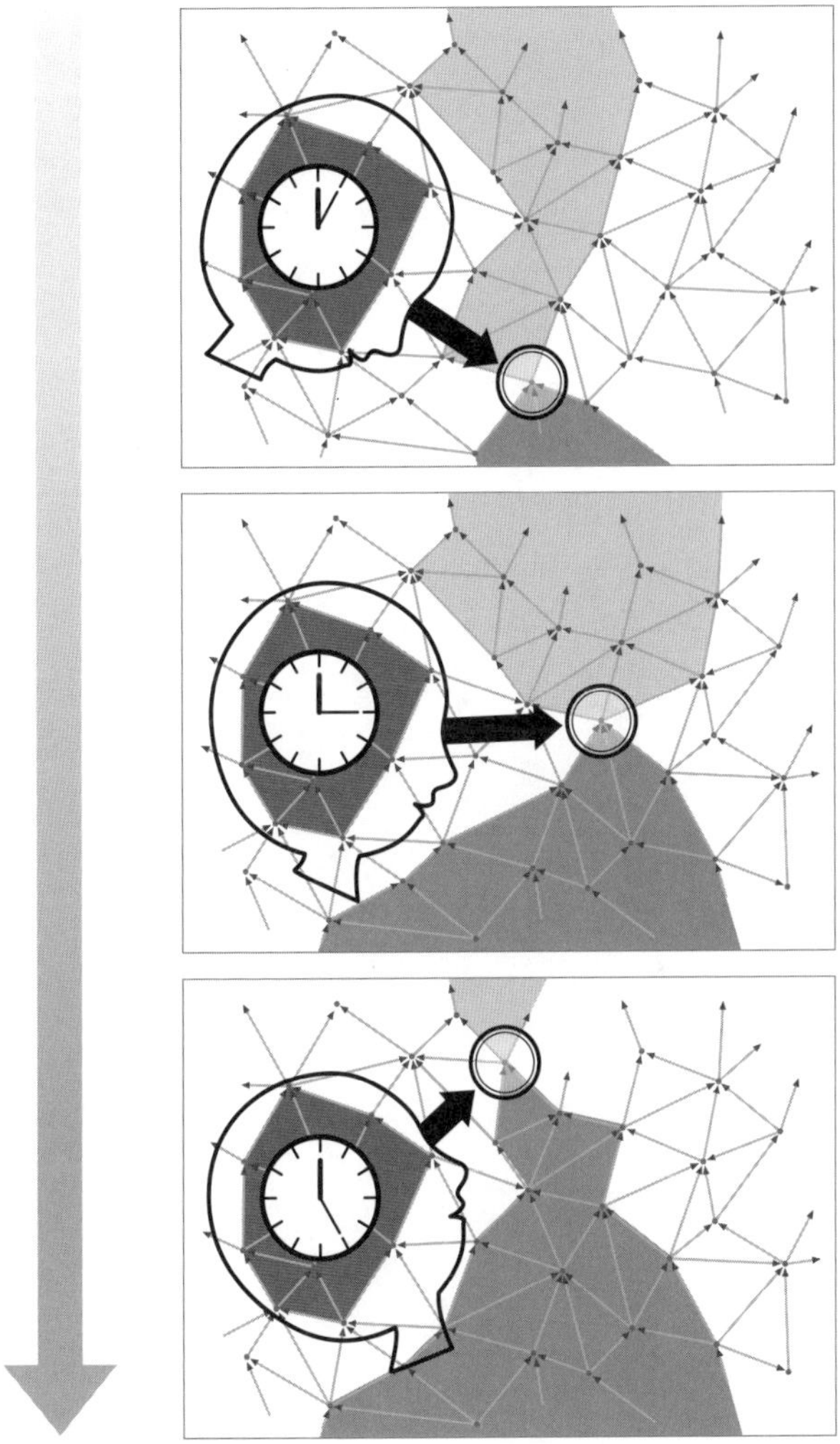

様々に飛び交っています。前述のように「思いの素」を「仏の光」と解釈すると、その思いの連鎖は仏の光による複雑なネットワーク構造をつくります（図2参照）。この「因果のネットワーク」が、地上と霊界を含めた多次元世界の万象万物に対応していることになります。

ネットワーク上の因果の流れの作用を「時」と定義します。

図2をご覧ください。因果ネットワーク上の点（一つの事象）に、ある霊存在Aが思いを向け「同通」したとします。このとき、Aにとっての「現在」が決まります。それが点Pです。すると、時の流れに従って「現在（点P）」につながる連鎖が「過去」になり、また「現在」からつながる連鎖が「未来」となります。こうしてAにとっての「過去・現在・未来」ができるのです。

そして、因果のネットワークをなす各事象（点）と観測者自身である私たちも「時」によって変化し続けます（図3）。この「時」による「現在」の更新を、我々は「時間」と認識しているわけです。

このように「時」と「時間」を分けて考えてみると、この世とあの世の時間の違いがうまく説明できます。ある霊人が特定の出来事に意識を向けたとき、「現在」が決まりますが、どこへ意識を向けるのかは霊人によって異なります。そのため、霊界では、時間が主観的なものになり、ばらばらの時間を生きることになるわけです。

しかし、この世では、人々が「物質世界」を共有することで「現在」をほぼ同期させていると考えられます。そのため、私たちはほぼ共通した、客観的な時間感覚を持って生きているといえます。

簡単にですが、霊界科学の研究の取り組みについて概論をお伝えしてきました。これらの基礎研究は、反重力の原理やパラレルワールド、マルチバースなどの宇宙論の研究にもつながっていきます。最後に、宇宙航行の原理について説明された大川総裁の法話を紹介します。

機械なんか使っていないのです。燃料は使っていないのです。実際には、それ以外の力なのです。
だから、UFOのなかに乗ってみたら、機械は何もないのです。動かしているのは、みなさんが今鍛えているところの「悟り」であり、「念動力《ねんどうりょく》」なのです。「宇宙の本質を理解すること」なのです。
どうやって肉体ができているのか、生き物ができているのか、宇宙の星ができているのか、銀河ができているのか、神がどういう念いで創られたのか――。それを悟ることが、実は「時間」と「空間」を超える力になるのです。それを悟っていない者は、その移動をすることができないのです。（中略）
これを超えなくてはいけない。これを超えるのに必要なのは唯物論ではないのです。唯物論ではなくて、宗教的悟りを科学的真理と一致させることなのです。あるいは、「科学的真理そのものが宗教的真理のなかにある」ということを悟ることなのです。これが大事なのです。

『甘い人生観の打破』一二〜一三ページ

このように、宇宙航行に必要なのは「悟り」であり、宇宙の本質を理解することであるのです。そのための挑戦が霊界科学です。私たちHSU未来産業学部は、科学と宗教を融合する使命を果たし、希望の未来を切り拓いていきたいと考えています。

7．生物学――ダーウィンの「唯物的進化論《ゆいぶつてきしんかろん》」の限界

木村貴好《きむらたかよし》

◆「心は脳の作用」と教える学校の教科書

生物学は、生命の本質を探究していく学問であり、古来、我々はどこから来てどこへ行くのかといったテーマにも、医学・薬学・農業など人命がかかわる領域にもかかわってきました。

やがて近代科学の発祥において、デカルトが心身二元論《しんしんにげんろん》により精神と物質を切り離したところから、動物機械論が出てきます。その流れを汲む現代生物学は、生命の本質を、物質や脳という情報回路、ＤＮＡという化学物質などに求めています。その学問的態度が、人生観、生命観にも大きく影響を与えているのです。

「心は脳の作用」という考えもこの延長です。この結果、私たちの心は脳によっ

て生み出され、死んで脳が機能を止めたら命は終わるという人生観が定着していきます。近ごろの小学・中学校の教科書（保健体育）を見ると、「心のはたらきは脳のはたらき」「大脳に刺激をあたえ、心を豊かに発達させていきましょう」という内容が書かれていました。心の本質が脳であり、人生の経験も脳の電気信号だとしたら、「人を苦しめてはいけない」「自殺はいけない」と諭《さと》しても、その言葉は軽薄《けいはく》なものになるでしょう。

これが問題点の一つですが、なぜ生物に多様性があり、環境に適応できるのか、さらに人類の起源とはどういうものかといった疑問にも、三次元物質界で完結した理論が求められていきます。そこに登場したのがダーウィンの進化論《しんかろん》です。人類を含む全生物が単純な生物から進化したと考えられるようになりました。

進化論からは、「進化の過程で二足歩行《にそくほこう》をしたサルが、やがて宗教や神という概念を発明し、仲間の支配に用いた」という〝創世神話〟が導かれます。すると、あの世の存在を説く宗教も、人類史から見てあとづけの虚構にされてしまいます。

現代唯物論は、進化論と支え合いながら二重壁の基盤を築いているのです。この現状を打破するために、理系的には、霊界科学的な高次元世界の実証、それから「現代進化論からの解放」というアプローチがありうるでしょう。

◆DNAは人体の設計図であっても、魂そのものとは違う

ダーウィンの進化論とは「自然選択説」といわれるものです。

確かに生物には様々な変異があり、そのなかで生存や繁殖《はんしょく》に有利な変異を持った個体は子孫を多く残す可能性が高く、その性質が遺伝することで、生物は時が経《た》つに連れて変化することはあるでしょう。しかし、進化論は神あるいは生物の魂が存在しないと仮定した場合の理論に過ぎません。その仮定のもとで、消去法的に有効な仮説の一つなのです。神や魂が存在しないと近代科学では証明できないにもかかわらず、現代生物学は、この進化論を本尊《ほんぞん》としているかのようです。

大川総裁は、ダーウィンについて次のように述べています。

ダーウィンの「唯物論的進化論」は、マルクスを狂喜させ、政治経済面で共産主義・社会主義となって、全地球を侵食《しんしょく》した。またニーチェをして「神は死んだ」と叫ばせ、神に代わる超人としての「ヒトラー」をも出現させた。百五十年の歳月を経《へ》て、今、日本の教育の根本にあるガン細胞を、ここに摘発《てきはつ》する。

『進化論――150年後の真実』まえがき

この思想の一方の極《きょく》だったのは、ダーウィン（一八〇九年――一八八二年）であり、『種《しゅ》の起源《きげん》』という著作に表れた進化論でした。こうして、人間は、アメーバから進化してきた偶然《ぐうぜん》の産物《さんぶつ》にまで落ちぶれてしまったのです。ダーウィンは、決して偽善的《ぎぜんてき》な人ではありませんでしたが、その思想的誤《あやま》りによって、人々を無神論に導いた罪《つみ》を自らの良心が恥《は》じ、現在、地獄のなかの無間地獄《むけんじごく》で反省《はんせい》を重ねております。

『黄金の法』一二二～一二三ページ

ダーウィンの罪は、唯物論に〝科学〟的根拠を与えてしまったことです。そして、人間をアメーバから進化した偶然の産物に貶《おとし》めてしまいました。

ダーウィンの進化論は、政治・経済面にも毒水として流れていき、大きな影響を与えました。共産主義国の成立にも大きく影響しています。中国が異民族や信仰を持つ人から「臓器狩り」をしているのではないかといわれていますが、これも「人間は偶然に偶然が重なった物なのだ」という考えがあるからでしょう。

また近年では、リチャード・ドーキンスが「利己的な遺伝子」ということを述べています。ダーウィンの進化論では、生物個体が利他的な（自己犠牲《ぎせい》的な）行動をする理由の説明が困難でした。ドーキンスは、生物個体を〝乗り舟〟とみなし、遺伝子はその舟を操る〝魂〟だと考えることで、ダーウィン説を補完したのです。

ある個体にとっては自己犠牲的な行動であっても、近縁《きんえん》の仲間の生存が有利になれば、その遺伝子は存続し増えていくという理論です。

大川総裁は、ドーキンスの「ＤＮＡ説」について次のように述べています。

一見、説得力はあるように見えますが、現象としての魂について、説明は一切できていません。ＤＮＡだけで言うのなら、焼き場で焼けば、ＤＮＡの部分もなくなるはずです。

ＤＮＡは、「どのような人体をつくるか」という〝設計図〟であることは分かっていますが、やはり、「設計図は、魂そのものとは違う」ということは言えるでしょう。

『「人間学概論」講義』七九〜八〇ページ

ＤＮＡなどというようなものは二十世紀から言い出したことであって、そんな

ものは、知っていようがいまいが、もともとあったものなのです。（中略）
DNAを知ろうが知るまいが、人間が子供《こども》を産《う》み、また人間になるシステムが出来上がっていたということについては、やはり説明がつきません。
そのような進化論的なもののなかには、「偶然に偶然が重なって、こうなった」というような説明しかできない部分がたくさんあるのです。

『正義の法』八三〜八四ページ

ドーキンスは、思想的にも神や魂の存在を否定しています。結局、ドーキンスの「DNA説」も、唯物論を推し進めたダーウィンの進化論の域を出ていません。

動物を機械として扱うことで、確かに生理学や遺伝学、現代医学などは発展しました。しかし反面、最も大切なものも見失ってしまったのではないでしょうか。

ダーウィンが地獄に行き、ドーキンスが大川総裁の法話で何度も批判されていることは、仏法真理から見て現代生物学に下《くだ》された価値判断にほかなりません。

にもかかわらず、現代生物学では、（生命を物質以外の要素に求める）生気論を否定し、物質界の素材のみを扱う進化論こそ真理だと誤解されたままでいます。

たとえばダーウィンが着目した生物の「適応」一つ挙げても、数値化できず近代科学で扱うことは不可能です。そこで「適応度」（自然選択によって生殖可能な齢《とし》まで残った次世代の個体数）として数値化が施されますが、日々進行する歴史を含んだこの自然界では、「生き残ったので適応度が高い」という結果論でしか扱えません。

また、現代進化論は「総合説」とも呼ばれますが、実体は、自然選択説を守るためにつくられた体系になっています。かつて実態に合わなくなった地球中心説（天動説）を守るために、いくつかの理論を総合し補強していた姿と二重合わせにも見えます。いずれにしても、科学の成果により明らかになった、生物や生態系の構造、機能の多様性や合目的性を、唯物論下では消去法的にこれしかないといった理由で、自然選択説のみに負わせるには限界が来ていると考えます。

◆実は霊肉の両面において起きる進化

自然選択説をダーウィンと同時に発表したウォーレスは、晩年、心霊思想を普《ふ》及《きゅう》する側になり、霊的存在の影響を進化論に組み入れました。

ウォーレスは前掲の霊言でも次のように述べています。

ウォーレス （中略）ソ連邦《れんぽう》の崩壊以降、共産主義のほうにも、いろいろと苦難の道が始まって、長い文明実験が終わりつつあるように、「霊的なもの、魂的なものを否定した上での、医学や生物学、理学、工学などの理系の発展」にも、ある意味でクエスチョン（疑問符）が付けられなくてはいけない時代に、今、来ているんだと思うんだね。

今あなたがたがやっている仕事は、そういうものなんじゃないかと思うんだよ。

だから、本来の姿に戻《もど》る必要がある。

『進化論――150年後の真実』一五二～一五三ページ

また、大川総裁は「**霊界の存在や人間の転生輪廻《てんしょうりんね》を認める思想のもとで、学問や技術の進歩を目指していく社会こそが、未来社会である**」（『繁栄の法』）と述べられています。

幸福の科学は、科学を否定し、単なる昔返りをする宗教ではありません。しかし、近代の科学文明の源流にならい、世界を物質界としてだけ認識していては、生命の本質にはいつまで経っても辿り着くことはできません。生命の本質を探究していくために必要なのは、真なる宗教です。真なる宗教に基づく学問を創らなければ、生命の本質を探究していくことはできません。そこにＨＳＵの使命の一つがあると考えます。

未来文明の源流を創造するためには、世界を物質のみではなく、仏教でいうところの「空《くう》」あるいは「慈悲《じひ》」として見る必要があると考えます。この地球の多様な生物たちは、単に生存競争によって生き残った仲間ではありません。生物や生態系の素晴《すば》らしいしくみや絶妙なバランス、かけがえのない地球の歴史のなかの営《いとな》みが、単に偶然によってできたという思想に、私たちは安住するつもりはありません。科学の恩恵《おんけい》にも生物の世界の成り立ちにも深く感謝しつつ、そこに大いなる慈悲を見抜いていく新しい学問と方法論《ほうほうろん》が必要です。

幸福の科学教学では、この世界は仏が創られた多次元世界であることを学びます。地上世界以外にも、目には見えない高次元世界が現に存在しているため、生物進化にも次元ごとに異なる法則が働いている可能性があるのです。

前掲の『進化論──150年後の真実』で、ウォーレスは生物進化について、「神がいて、進化を促す」「それ（進化・著者注）の助力をしている人がいてもおかしくない」「動物の魂が変化していく」「進化は、実は霊肉の両面において起きる」ということを述べています。それぞれ、①神による計画、②霊人の指導による進化、

③生物の魂レベルでの変化、④これらの霊的進化と自然選択との融合について述べられたものと考えられます。

この地球史、生命史の一大パノラマは、この多次元世界の世界観のもとで、慈悲そのものの流れとして展開してきたのです。

こうした霊的生命観の確信に至るためには、生命を創造された方が説く仏法真理を学び、心に目覚め、悟性を磨くことが必要です。この生命を育んでおられる主なる神の慈悲、生命の温もりを知ることで、唯物論的な〝壁〟が解けていくはずです。唯物論的世界観という、仏教で言う「邪見《じゃけん》」を打ち払《はら》い、真なる生命観を弘めていかなくてはいけません。そのためにも、本書で扱った、ＨＳＵで探究している各分野が有機的につながった学問体系を構築していく必要があると思います。

8・芸術学――真・善・美を宿した芸術が未来を拓く

中田昭利《なかたあきとし》

◆現代は「美の民主主義化」が起き、地獄的な芸術が増えてきている

芸術には、大きな影響力があります。人々に感動を与え、世論を動かす力さえ伴《ともな》うことがあります。二〇二三年の芸術分野の出来事で思い浮かぶのは、五三年前に解散したビートルズの新曲「NOW AND THEN」がリリースされたことです。ビートルズのジョン・レノンが生前、ピアノとボーカルだけで録音したデモテープをもとに、ポール・マッカートニーとリンゴ・スターが演奏を加え、さらに一九九〇年代に行った「ザ・ビートルズ・アンソロジー」レコーディングの際のジョージ・ハリスンのギター音源を重ねて完成に至りました。昨年一一月三日に世界同時配信されて瞬時にネットを駆け巡り、初日で一千万回再生突破という記録を

打ち立て、再び、ビートルズブームを巻き起こしたのです。

振り返ってみると、一九六七年には、英国ＢＢＣが放送した、当時、世界初の海外同時衛星中継番組のなかで、ビートルズは「All You Need Is Love（愛こそはすべて）」を披露《ひろう》しました。ベトナム戦争下で、約三億五千万の人々に普遍的なる愛と平和のメッセージを届け、多くの人々を善導する影響力を持ちました。

ジョン・レノンは、大川隆法総裁の霊査の結果、イエス・キリストの魂の分身であることが分かっています（『ジョン・レノンの霊言』参照）。

しかし、こうした光の天使が創造した芸術が人々によき影響を与えている一方で、その影響力が諸刃《もろは》の剣《つるぎ》となり、人々に悪しき影響を与えているものもあります。

たとえば、二〇二〇年のＮＨＫ紅白歌合戦で、ある大物ミュージシャンが作曲した「ブッダのように私は死んだ」という曲を流していました。そこで歌われていたのは仏陀の悟りとは無縁《むえん》の男女の情愛、肉体に執着する愛でした。仏陀は肉体的執着をタンハー（渇愛《かつあい》）として否定し、慈悲とは真逆のものであると説かれていましたので、これが「ブッダのよう」であるはずがありません。肉体的執着のもとには、いうまでもなく唯物論的価値観が存在しています。

日本最高の知名度のアーティストが仏陀の名を冠《かん》した曲を作り、全国で観られる大晦日《おおみそか》の番組で放送するのであれば、仏陀の悟りを正しく歌にして、正しい人生観を啓蒙《けいもう》してほしいと思います。

現代は影響力の時代でありますが、このように、人の心をつかむものが必ずしも「善」というわけではありません。現代の音楽を聴《き》いていると、多くのヒット曲が、耳触りはよいが、内容的には唯物的な価値観がベースになってしまっていると感じます。

大川総裁は次のように述べています。


美の民主主義化が起きることによって、みなが美を経験できるようにはなりましたが、多少、そのレベルには落差があります。「少し高いものから、そうでない

ものまで差がある」というレベルでの民主主義化が起きていると言えます。
ですから、それが最高のものであるかどうかは分かりません。（中略）
民主主義化した美のなかには、この世的には美しいように見えても、天上界《てんじょうかい》のものか地獄界のものか、若干《じゃっかん》、分かりにくいものがあります。この世的には、みなから人気があって流行れば、素晴らしいものだと思う傾向があります。
音楽でもそうです。ある音楽が流行ると、「大勢が聴いているから素晴らしい」と先入観で思いますが、芸術的価値がどの程度高いかということは、少し時代が下ってみないと分からないところはあります。

『光り輝く人となるためには』七五～七六ページ

現代は、美の民主主義化が起きており、天上界のものと地獄界のものが混在している時代です。映画界についても、「アカデミー賞などを取るものでも、多少は天国的なものもありますが、八割ぐらいは地獄的なもの」（『道なき道を歩め』）とも説かれています。

音楽や映画が大きな影響力によって唯物的価値観を広めてしまったなら、地獄的な方向へと人々を誘導することになりかねません。

逆に見れば、唯物的価値観が、音楽を地獄的なものに歪めてしまっている面もあるのです。

◆本来、芸術学は、正しい理念や価値判断を示さなくてはならない

これらの背景には、芸術学が学問として機能していないということが挙げられます。

現代の芸術学の問題点の一つ目に、「正しい理念がなく技術的なことが中心となっている」ということがあります。もともと、宗教が繁栄し、「神への感謝を捧げる」「神の教えを伝える」ために、芸術がありました。多くの人々を真理に目覚

めさせ、天上界に導いていくための芸術であったのです。しかし、近代以降、唯物的価値観が広まり、理念なき芸術の時代に入って残ったものは技術のみでした。私自身も大学時代、フィリピンに留学した際、音楽科を専攻《せんこう》しましたが、教わったことは編曲法のみでした。

二つ目に、「善悪の価値基準がない」ということです。「芸術だから」ということで許されていますが、そのなかには前述したように地獄的芸術も多く含まれているのです。

大川総裁は次のように述べています。

「今までになかったものだから」ということで流行るものもあるでしょう。例えば、「今までになかった生き方だから」、「今までになかった小説だから」、「今までになかった演劇だから」、「今までになかった映画だから」、「今までになかった音楽だから」など、初めてのものがいろいろあるとは思います。しかし、今は流行

しているものであっても、あの世においては、普遍的なものによって、「天国的か、地獄的か」を必ず分けられることになっているのです。

『仏法真理が拓く芸能新時代』四一ページ

技術力がなければ表現することができないので、技術自体は大切です。しかし、表現者の影響力には責任が伴うのです。

こうした観点から、未来創造学部の授業においては、技術的なものだけではなく、芸術には、神へと到る道でもある「真・善・美」という天上界の理念、光を地上に降ろし、この世とあの世を貫いて人々の未来を拓いていくという使命があるということを教えています。

そして、未来創造学を通して天国的な芸術を創造する人材を輩出することで、新文明の創造を目指しているのです。

◆天上界の美しい調べが宿っている大川隆法オリジナルソングス

ＨＳＵでは、「教学音楽修行」という科目があります。これは、大川隆法総裁が作詞・作曲された、「Ｅｌ　Ｃａｎｔａｒｅ　大川隆法オリジナルソングス」を感性で学ぶ科目です。これは天上界の高次元にある美しい調べを直接的に表現されたもので、原曲は４５０曲を超えます。調べのなかに悟りがあり、歌詞のなかに教えがあります。その宗教的バイブレーションに満ちた音楽は、人々の心を癒《いや》し、魂を救済していく力を持っています。こうした力は、巷《ちまた》の音楽には決してないものです。

この楽曲群のなかには「仏陀のようには死ねないよ」という曲があります。前述した大物ＰＯＰアーティストの曲「ブッダのように私は死んだ」とは違い、真なる仏陀の教えが歌われています。誰もが経験する人生の苦しみの意味、肉体が滅《ほろ》びても魂は永遠であるという人生の真実が示され、曲の締めくくりでは、「全ての苦しみを人生の砥石として、生き抜き死んでゆけ」と説かれます。人間は魂修行をするためにこの世に生まれてくるという霊的人生観が腑に落ち、生きる勇気が沸き上がってくる悟りの言葉が歌われているのです。

大川隆法オリジナルソングスには、様々なジャンル、様々な内容のものがありますが、どれも聴き続けていると、心の透明度が高まり、「主なる神から与えられていることへの感謝」「主なる神から愛されていることの幸福」で心が満たされていく曲であると感じます。私は学生時代から音楽を志し、ディズニーで仕事をしていたときには、ディズニー・オン・クラシックを企画・制作もしましたが、大川隆法オリジナルソングスと出会い、何度も聴いていくなかで、「これがほんとうの音楽の世界であり、新文明の音楽なのだ」ということを知りました。流行っては消えていくＰＯＰＳの曲とは違い、一生かかって聴き続け、深められる楽曲群であると思います。なぜなら、技術のみで作った形だけの曲ではなく、天上界の真・善・美が宿っている曲であるからにほかなりません。

今年、大川隆法オリジナルソングスとして「天御祖神《あめのみおやがみ》の夢」という楽曲が発売される予定です。

「天御祖神」は、『古事記』や『日本書紀』よりも古いとされている古代文献『ホツマツタヱ』に出てくる日本民族の祖にあたる創造神です。大川総裁の霊査によって、約三万年前にアンドロメダ銀河から約二十万人を率いて富士山の裾野にご降臨《こうりん》され、「富士王朝」を築き、日本文明の基になったということが明かされました（『天御祖神の降臨』参照）。

この楽曲では、天御祖神が日本を建国する際に込められた思いというものが宿っているように感じます。「天御祖神の夢」の歌詞では次のように説かれています。

吾《わ》れは
この大和《やまと》の国の
最高神《さいこうしん》なり

正義と
夢と
麗《うる》わしさを
この国に授《さず》けん

先の大戦で敗戦し、日本人の信仰心は失われてしまいました。しかしこの楽曲によって、日本人の真のルーツが天御祖神という宇宙神にあることを知ることで、日本人は本当の信仰心と誇りを三万年ぶりに取り戻すことができるのです。

また、この楽曲によって天御祖神の御存在を知る人が増え、天御祖神の精神がこの国に浸透していくなら、日本の政治も変わるでしょう。現在の日本の政治は空気が支配する無責任体制になっていて、政治家が責任を取りたくないがために判断を躊躇《ちゅうちょ》します。判断をせずに現状維持を続けているために、国防の危機にも正しい対処ができず、日本を危機にさらしています。

この歌詞にもあるように、天御祖神の精神のなかには「正義」があります。善悪を分かつ智慧《ちえ》を持つことで、日本に「真の武士道」がよみがえり、国防の危機に正しく対処できるようになり、世界のリーダーとしての役割に目覚めることにもなるでしょう。

一説には、天御祖神の御姿が、歌舞伎《かぶき》や能などの日本芸能や相撲《すもう》などの日本文化の起源になっているといわれています。たとえば相撲には、「神の前では何一つ隠《かく》せない」という精神がありますが、こうした精神が天御祖神の御名と共にもう一度広まれば、技術によって形だけを作るという現代の芸能・芸術を変えていくことにもなると考えます。

日本のルーツである天御祖神は、大川総裁の霊査によれば、地球神エル・カンターレの本体意識に近い御存在でもあるそうです。

地球神をお護りする使命を持つ守護神パングル支援の霊示で降ろされた楽曲「主なる神を讃《たた》える歌」には次のように説かれています。

あなたがたの主なる神
エル・カンターレを讃えなさい
預言者《よげんしゃ》を超えた
正義を地上に打ち立てることを
目指しなさい

本書の各節で語られているように、近代以降、唯物論や無神論に基づく学問には限界が現れてきています。のみならず、今までの預言者たちがつくってきた諸思想・諸学問に基づく文明も、ある意味で限界が来ているといえます。

未来は主なる神の御言葉の上に築かれます。今こそ、未来を創造するために、一民族を導く民族神ではなく、神々の主であり、全人類の主でもある、主なる神への信仰に基づく学問をつくるべきときなのではないでしょうか。

その未来を政治・芸能において実現していく人材を、未来創造学部から輩出していきたいと考えています。

9．国際政治学――地球的レベルでの正しさを決める

河田成治《かわだせいじ》

◆唯物論化したリアリズムとリベラリズム

政治学は紀元前五世紀頃まで遡《さかのぼ》ることができます。ギリシャではプラトンが徳の本質はイデア（理想）にあり、国家の目的は「徳が大切にされる社会をつくること」だと説きました。ほぼ同時期の中国では、孔子が「智《ち》・仁《じん》・勇《ゆう》」の三つをそなえた徳ある「君子」が政治を行うべきだと説いて、「理想国家論」を提示しました。

このように、政治学の原点においては、「神の世界にあるイデアを地上に実現すること」が理想とされていたのです。

ただ、現在の国際政治学にプラトンや孔子は登場しません。現在の国際政治学の源流にあるのは、一五、一六世紀以降に活躍したマキャベリ、ホッブス、ロック、

モンテスキュー、ルソー、カント、グロティウスらです。さらに国際政治学が今のような学問の形になったのは二〇世紀に入ってからのことで、わずか百年前です。

国際政治学が誕生したきっかけは第一次世界大戦でした。世界中を巻き込んだ歴史上初の大戦争の悲惨《ひさん》な結末から、「どうしたら戦争を防止し、平和の創造と維持ができるのか」という切実な願いから生まれた学問なのです。

まず、『危機の二十年』を書いたE・H・カーが登場します。いわゆる「現実主義（リアリズム）学派を代表する一人です。

カーは、第一次大戦後、国際連盟がつくられたのに、その体制がわずか二〇年で崩壊し、第二次世界大戦が始まってしまったことを考察します。

そして、国際連盟をつくった理想主義者の「理想を語るばかりで、どうすれば実現できるかを思考しない」知的怠慢《ちてきたいまん》を痛烈に批判しました。理想主義者が主張する「絶対普遍の原理」というものも「ある時期での国家利益を無意識に反映したものに過ぎない」としました。そして、「国際政治学の最大の目的は『戦争の防止』である」とし、原因と結果の分析に力点を置く「現実主義」の重要性を主張したのです。

大川隆法総裁は著書『法哲学入門』において、次のように述べられています。

「平和主義的だ」と思うものが、かなりひどい戦争を起こすこともあるのです。

（中略）

日本において、「非戦論」でも、「平和主義」でも、「憲法九条死守」でも、あるいは「原爆《げんばく》を持たない」でも結構ですが、そういったものによって、かえって大きな戦争を呼び込むこともあるので、このあたりについては、一種のリアリズムが必要でしょう。（中略）

平和構築に関するリアリズムの研究が必要だと、私は思っています。

『法哲学入門』一二七～一二八ページ

ただし、カーは理想主義の中身を批判しましたが、理想主義そのものを否定したわけではありませんでした。「目的」としての理想主義と、目的達成のための「手段」としての現実主義を統合することが、国際政治学の基礎を築くと説きました。

さらにカーは「道義《どうぎ》」という精神的な理想を掲げました。本来あるべき理想主義の姿も求めていたのです。道義とは「国家がより大きな国際共同体の一員としての責務《せきむ》を果たそうとする精神」のことです。その本質を仏法真理の立場から見ると、「造物主が創られた地球への大いなる帰属意識とユートピア建設に向けての責任感」といえます。

その後、国際政治学を体系化したのが、同じく現実主義のハンス・J・モーゲンソーです。『国際政治』という著書で有名です。彼は「国際政治はパワーを巡っての闘争であり、常にパワーを得ることこそが目的である」と主張しました。つまり、人間の本質を「権力欲」と見て、物質的な権力こそが世界を決めるとしたのです。けれども、国際政治が単にパワーを巡る争いなら、それは弱肉強食、ジャングルの掟《おきて》に過ぎません。さらにモーゲンソーは、国際政治の理想であった「道義」を、単なる権力の一種とみなしました。体系化の段階で、国際政治学は早くも理想を失ってしまったのです。

次に来たのは、唯物論を土台とした理論の構築です。科学的な方法としての「実証主義」を重視するようになったのです。実証主義とは、物質間の因果関係を法則化することを目的としたもので、国際政治を動かすものを、人間の本性（権力欲などの欲望）、自然資源、地理、生産力（経済力）、破壊力（軍事力）といった、物質的な要因のみに対象を限定しました。

経済学や社会学などでつくられた理論やアナロジー（類推）で理論化しようとしたことも、国際政治学の唯物論化をさらに進めます。たとえばケネス・ウォルツの「バランス・オブ・パワー」理論は、ミクロ経済学における「市場」のアナロジーから導き出されています。ロバート・コヘインの「国際制度論」は、「国家は合理的に行動する」という合理主義を前提に、ゲーム理論「繰り返し囚人のジレンマゲーム」を取り入れています。マンサー・オルソンの『集合行為論』にも部分的に依拠しています。

しかし、基にした経済学などの理論が本当に正しいかというと、疑問が残ります。たとえば、大川総裁は、「**思想も信条もない、単に利害だけで動く**」経済的人間は「**ありえない**」と言い切っておられます（『知的青春のすすめ』）。実際は、世界各地で同時多発的に様々なことが起こるため、そんなに簡単に理論にはならないのです。

一九七〇年代後半になると、ケネス・ウォルツが、『国際政治の理論』を発表し、国際政治におけるパワーの重要性や、国家間のパワーの変化が、どのように戦争や平和に影響するのかを説明し、高い評価を受けました。しかし、ウォルツ以降、国際政治学において精神的な価値が顧《かえり》みられることは完全になくなってしまいました。（一部、「構成主義」が観念の重要性を主張して注目されているが、あるべき精神性そのものに着目しているわけではない）

一方、第二次世界大戦を防ぐことが出来なかった国際連盟の大失敗で、ほとんど廃れたかのように思われた理想主義が、八〇年代に復活を遂げます。

それが自由主義（リベラリズム）の「国際制度論」と呼ばれる国際政治理論です。「現実主義のいう、パワーや利害のぶつかり合いは現実にある。しかし、だからこそ、各国は自国の利益を守るために国際的なルールを求め、戦争にならずに一定の協力関係を築ける」という主張です。

いわば「利害調整の国際協力理論」です。現実主義の枠組みのなかで生き延びようとして、理想主義およびその流れを汲む自由主義が本来持っていた精神的価値も完全に死滅させてしまったといえるでしょう。

◆「心」を無視しては、社会科学はまったく成り立たない

大川総裁は、精神作用や心を無視した現代の学問のあり方について、次のよう

に警鐘を鳴らされています。

「心」というものは、「物」だけでは表せない精神作用や人々の情念《じょうねん》の総称としても使われます。（中略）

昔から言われているもので言えば、「大和心《やまとごころ》」という言葉もあるでしょう。「大和心」というものは、唯物論的には、まったく解明不能です。（中略）

大和心を知ろうとすれば、それは、日本人の歴史に学び、そして、歴史のなかで、思想を紡《つむ》いできたり、あるいは、宗教を説いてきたりした、そうした精神的な先《せん》駆者《くしゃ》たち、偉人《いじん》たちの心に学んでいかねばならないだろうと思うのです。そうしなければ、「大和の心」というものは分かりませんし、「まほろばの心」などと言われても、やはり、分からないでしょう。

これが「分からない」ということは、「唯物論的な見解には限界がある」ということであり、それを認めなければいけないと思うのです。

『幸福の科学大学創立者の精神を学ぶⅠ（概論）』七〇～七一ページ

経済学や法学、政治学、社会学においてもそうですが、人文科学・社会科学は、人間の心を無視しては成り立たないということを、率直に受け入れるべきだと思います。「『心の定義』がない。だから『心』はない」とはいえないのです。

国際政治学は「社会科学系統」で、論理的に現実を「分析」していく学問です。HSUの母体である幸福の科学の教えも、科学と親和性があるという大きな特徴があります。したがって、科学的アプローチを否定するつもりはありません。

だからこそ、幸福の科学の運動は、人間の理性を重視し社会科学を内包しながらも、中心を神の心に戻すことで啓蒙思想を超え、個人と社会の両方を変革していくことが求められているのです。

◆国際政治学の真なる目的は「ユートピア建設」に置かれるべき

既存の国際政治学は、「なぜその現象が起きたのか」を説明するためのツールに過ぎず、「理想」がありません。唯物論化と共に、神の臨在《りんざい》を感じない〝地べたを這っている蟻《あり》〟のような存在に成り果てています。なぜか。それは、出発点において、「戦争の防止」と「平和の構築」で目的が止まっているからです。

カーが指摘したように、国際政治理論が理想を語ることは、単なる夢想であり、学問とは認められないのでしょうか。私は、そうは思いません。なぜなら国際政治学の真なる目的は、「仏国土・ユートピア建設」に置かれるべきだからです。

いくら戦争がなくても、専制国家に服従した平和なら「奴隷の平和」に過ぎず、幸福な状態とはいえません。現代の国際政治学から欠落しているものは、この地球を創られた主なる神に対する信仰心と、ユートピアを目指す志であり、その根源にある造物主の願いを知る努力です。

この地球は、地球神エル・カンターレの念いによって、明らかに目的性を持って創造されました。したがって、その御心を無視して国際政治学を語ることは、あってはならないと思います。

地球神の願いとは、人間がこの世とあの世を貫いて幸福になり、発展することです。

この地球は「**よりダイナミックに進化ということに重点**」（『太陽の法』）を置いた創造が意図されています。宇宙から様々な魂を受け入れることによってつくり出された限りない多様性のなかで、「**無限に調和しつつ無限に発展していく**」（『幸福の科学の十大原理（下巻）』）ことが目的とされています。

一つの考え方しかなければ、争いは少なく、平和になるかもしれませんが、停滞してしまいます。よりダイナミックな進化のために、与えられた多様性のなかで、いかに調和も成し遂げていくか。ユートピアとは静止した成果ではなく、大調和《だいちょうわ》のなかに大発展を求め続ける活動そのものであると考えます。したがって、主エル・カンターレの御心を基とした国際政治学とは、多様性を尊重《そんちょう》しつつ、民主主義的な手法で、地球神の理想を選び取る行為を後押しするものであるべきです。

各国の国益と、地球的規模での調和の両立のための基本指針というべき「地球的レベルの正しさ」がどのように決まっていくかを、大川総裁は次のように説かれています。

考え方の順序としては、このようになります。

まず、「この国において、守られるべき正義とは何であるか」ということをはっきりさせます。

さらに、その考え方が、他国の考えている正義と両立しない場合には、それをどのように考えていけばよいかということに作業が移っていきます。

最後は、それぞれの国に、応援《おうえん》する国家が付くはずですので、応援する国家の意見も交えて、「地球的レベルでの正しさとは何か」ということが決まっていくことになるわけです。

『地球的正義とは何か』一九～二〇ページ

新たな国際政治学を考える上で、この「地球的正義」を確立《かくりつ》していくプロセスをどう読み解くかが、極めて大事になります。

第一段階は「自国において、守られるべき正義とは何かを明確にする」ことです。このためには「地球神への信仰に基づいた宗教立国」が前提とならなくてはなりません。その上で仏法真理に基づいた国の規範、正義の価値観や行動基準が確立されなければなりません。パソコンでいえば、世界共通のOSを使う必要があるというイメージでしょうか。そうでなければ宗教や国ごとに正義の基準がバラバラになります。これは観念を重視する「構成主義」のアプローチに近いといえます。

たとえば、キリスト教徒はイスラムの教えを「悪魔の教え」と考える傾向があります。一方、イスラム教の「コーラン」には、「イスラム教徒以外は敵だ」という教えがあり、戦争やテロの原因になっています。そのように価値観がバラバラなままでは、国家同士が協力するとしても、それは利害が一致した場合のみにしかできず、利害関係が変化すれば、容易《ようい》に離合集散《りごうしゅうさん》することになります。

したがって、まず世界共通の価値観を共有することが重要で、次に規範や価値観に基づいて、「わが国はどういう国なのか。国際社会のなかで何をミッションとすべきか」という「国家アイデンティティ」が醸成《じょうせい》されていきます。その結果、国家の外交政策（国益、方針、目標、行動）が決まっていきます。

たとえば「武士道」という価値観を持てば、サムライが生まれます。自らの利害よりも大義を尊重するサムライのような人々が集まれば、サムライ国家ができます。

個別の国家アイデンティティができると、各国家間に違いが生まれます。そこで、第二段階として、「自国の正義が他国の正義と両立しない場合に調整作業を行う」必要が生じます。これはリベラリズム（自由主義）のアプローチです。

ここでは、それぞれを応援する国家の意見も交えながら、妥協点を探《さぐ》っていきます。現実には、国連安保理や総会、Ｇ20等の多国間の国際会議です。しかし、たとえば国連では、拒否権が乱発されて何も進まないということがよくあるように、合意に至るのは困難です。声明すら発表されない、または中身のないシュガーコーティングされた文章しか出されない場合もあります。

国際協調が真に有効であるためには、単なる国益の衝突《しょうとつ》では調整は不可能で、ここでも一段階目で提示した「地球神の教えを基にした正義」を互いの国家がつくろうと努力しているという前提が必要です。

そして三段階目として、「地球的レベルでの正しさが決まっていく」ことになります。国際会議における意見調整や、その行動結果からのフィードバックを受けて、国際的な規範ができていきます。これを反映し、国際法や制度が刷新《さっしん》されていきます。この三段階の循環による営みこそ、神の御心とは何かを探究し、近づいていく行為に相当すると考えています。このプロセスは、「地球的レベルでの正しさ」が、実践を通じた智慧として蓄積されていくというものでしょう。

ただし、この循環プロセスが機能したとしても、軍事力は依然必要です。人間には「自由」が与えられており、国際的な合意違反や、国際秩序を混乱させる国家行為はなくならないからです。したがって、「悪なるものは許さない」という断固たる決意と、その対応としての「現実主義」（軍事力を含む）は永遠に必要であると考えます。以上は、現実主義、自由主義、構成主義を組み合わせた考え方でもあります。

最後に、あるべき国際政治学は、地球神の御心に限りなく近づいていこうとする情熱から生まれるべきです。そのためには神の前での謙虚《けんきょ》さと、純粋で強い信仰心がどこまでも求められます。

専門知識の蓄積や科学的・知的アプローチが重要であることは論をまちませんが、それのみでは近視眼的《きんしがんてき》認識に陥り、神の理想に近づいているのかどうかが分かりません。国際政治学の目的はユートピアへの道程であるはずなのに、範囲を限定して細部に専門性を追求するあまり、大局観《たいきょくかん》を疎《おろそ》かにしがちで全体の善悪から逃げるエポケー（判断停止）になりかねません。そういったことから、既存の国際政治学は、現代国際政治の様々な課題に対して、未来の方向性を指し示すことができずにいるのではないでしょうか。

私たちは既存の学問のあり方に打ち克ち、主なる神の理想に基づいて個々の国際政治の事象に価値判断を下していく勇気を持つべきだと思います。国際政治学における地球神の価値尺度こそ、「自由・民主・信仰」です。「自由・民主・信仰の三つの価値が増大する方向に向かうのか。それとも減少する方向に向かうのか」を判断していくことがとても重要です。

たとえば中国の覇権拡大が脅威となっていますが、その政治体制は、不自由な一党独裁で、無神論・唯物論――つまり「自由・民主・信仰」と真逆です。しかし、国際政治や安全保障の専門家は、大国間戦争の回避を至上命題とすることが多く、それ自体は重要ではあるものの、十分とはいえません。また、イランをはじめとするイスラム教国では、基本的人権や自由、民主主義が軽視されています。神が善とされ、望まれる地球を創り上げていくには、至高神エル・カンターレへの信仰と、『太陽の法』『黄金の法』『永遠の法』をはじめとした仏法真理が国際政治の中心になければ不可能でしょう。

別の視点から述べれば、識《しき》（専門知識・合理性）と、般若《はんにゃ》（本質を見抜く眼・神秘性）の両立、「合理性」と「神秘性」の融合によって、未来の国際政治学の使命は成し遂げられるということでしょう。これが、HSU未来創造学部が目指すもので、そこで探究する者には、信仰者と研究者の両立に妥協があってはならず、身が引き締まる思いです。

二一世紀の平和で美しい世界に向け、私たちは主エル・カンターレの御心に基づいた国際政治学を探究し続ける決意です。

10・法学・政治学——法の窮極《きゅうきょく》にあるものは「神の正義」

泉聡彦《いずみとしひこ》

◆戦後、神のいない民主主義と自虐史観《じぎゃくしかん》を生んだ法学・政治学の誤り

小説「鏡川竜二《かがみかわりゅうじ》シリーズ」の『小説　遥かなる異邦人』のなかに「法の窮極《きゅうきょく》にあるもの」という言葉が出てきます。これは東大の法哲学の教授、尾高朝雄《ともお》氏の著書の題名でもあります。この尾高氏と、同じく東大の憲法学教授の宮沢俊義氏は「尾高・宮沢論争」と呼ばれる論争を繰り広げましたが、現代の法学の問題点は、この宮沢氏に起因するところが大きいといえます。宮沢氏は、「一九四五年八月、ポツダム宣言を受諾したことで、神権主義から国民主権主義へ移行する革命が起きた」とする「八月革命説」を唱え、「国民主権主義は政治的権威の根拠としての神というものをみとめない」「神の政治から人の政治へ、民の政治へ」（宮沢俊

義『憲法の原理』）といって、政治から神を追放してしまいました。以後この「八月革命説」が憲法学の通説となり、「神のいない民主主義」が日本に定着することになります。

この流れのなかで、左翼的な法学者・政治学者が量産されていきます。

尾高氏の弟子に碧海《あおみ》純一氏がいます。この方はカール・ポパーの説に共鳴し、プラトンの思想を「開かれた社会の敵」「呪縛《じゅばく》」と考えていました。尾高氏の後継《こうけい》者《しゃ》であるにも関わらず、「法の窮極にあるもの」を真摯《しんし》に探究する法哲学の流れはここで早くも途絶えさせてしまったといえます。

政治学においては丸山眞男《まさお》氏の有名な言葉に「大日本帝国の『実在』よりも、戦後民主主義の『虚妄』の方に賭ける」（丸山眞男『増補版　現代政治の思想と行動』）というものがあります。しかしその賭けは正しかったでしょうか。丸山氏は先の戦争は「民主主義対ファシズム」であるという連合国側の主張を受け入れ、天皇制は「上からのファシズム」であり、「無責任の体系」だとし、戦後民主主義、六〇年安保闘争の理論的リーダーにもなりました。

丸山氏の民主主義理論は、結局、宗教を「私事《しじ》」に押し込め、批判することをもって正義とする戦後の左翼的政治思想やマスコミを支える理論的根拠ともなってしまいました。

丸山氏の弟子筋《でしすじ》に、国際政治を担当した東大教授・坂本義和《よしかず》氏がいます。坂本氏は、憲法九条に基づいて「非戦」の論理を立てました。また、代表的な論文「中立日本の防衛構想」（『世界』一九五九年八月号）で、日本国民は軍事について、伝統的な主権を自発的に放棄《ほうき》することを唱えました。坂本氏が東大で教えた人数は数千人以上と推定され、自虐史観《じぎゃくしかん》を持つ多くの卒業生が政界・官界・財界に進んだことが、この危機にあっても日本の国防が十分に進まない大きな要因になっています。

東大には内村鑑三《かんぞう》の弟子筋で南原繁《なんばらしげる》氏、福田歓一《かんいち》氏、田中耕太郎氏などクリスチャンの教員もいたのですが、憲法や政治学といった主要な科目は先述の人々に押さえられており、唯物論的・無神論的な東大の学風を変えるには至らず、日本には精神的支柱が失われた状況が長く続きました。

そしてこのような学問を源流とするジャーナリズムが力を増し、同様に唯物論・無神論的なマスコミが立法・司法・行政の三権を上回る第一権力となるというマスコミ・デモクラシーが猛威《もうい》を振るっているのが現在の状況です。

◆宗教を私的領域に封じ、日本人の宗教観を歪めた戦前の宗教政策

宮沢氏らが否定した「神」とは、天皇の権威の由来となる天照大神《あまてらすおおみかみ》以下の日本神道系の神々でしょう。では戦前の明治以降の神道体制に戻せばよいかというと、「そうではない」というのが幸福の科学の立場です。

大川隆法総裁は、『小説　遥かなる異邦人』で次のように述べておられます。

本郷キャンパスを歩いている時に感じる、ある種の「冷たさ」だ。それは「愛」の不足であり、「階級制《かいきゅうせい》」を好んで、「人の気持ちの分からない人間」を量産している悲しさだ。(中略)

今の東大法学部は、大蔵省(現・財務省)に入って国家を背負うというより、良い成績を取って、自己愛に生きる人間の山だ。民衆への愛、民衆と共に生きる気持ち、「同苦同悲《どうくどうひ》」の精神がないのである。

それは明治時代の創設以来、東大のやってきた、宗教性の排除そのものの帰結《きけつ》でもあったろう。

『小説　遥かなる異邦人』四七～四八ページ

考えてみると、東大には神学部がありません。「国立大学だから」という理由が浮かびますが、たとえばドイツでは国立大学にも神学部は存在します。実は、日本でも東大(帝国大学)を設立するにあたり、当初は西洋の「神学」に相当する

「神教学」「修身学」という教科が想定されていましたが、実学重視の流れのなかで消えてしまいました。

また、同じ頃に、啓蒙主義的で知育重視教育政策を続行するか、徳育を基本とするかの対立も生じ、結果的に、東大（帝国大学）には「徳育」を担当する教科は置かれないこととなり、代わりに中等教育以下の諸学校に修身教育を強化することで決着しました。東大に適用されたこの設計図がその後の日本の諸大学の形態をも規定してしまい、日本の大学では「神学」にあたる学問が切り落とされる結果となりました。この大学教育における「徳育」の欠如《けつじょ》は教育学の盲点《もうてん》ともいわれています。

明治政府の宗教に対する政策は、日本人の宗教観を歪めたところがあります。一八八九年の「大日本帝国憲法」によって「信教の自由」が定められましたが、「神道は国家の宗祀であり宗教ではない」とされました（神道非宗教論）。皇室祭《こうしつさい》祀《し》や神社神道等を宗教と位置づけないことで、天皇崇拝（国家神道）を全国民に強制しても信教の自由に反しないとするためでした。「宗教」という最も大切な事柄を、こうした詭弁《きべん》ともいえる論理で切り抜けたことは明治維新の最大のトリックであり、こうした二面性のある思考形式（妖怪性）は戦後の憲法九条を巡る議論（「自衛隊は憲法上は軍隊ではないから九条に違反しない」）においても姿を表しています。現実を糊塗《こと》するこのような分かりにくさが、日本が今一つ世界から信頼されない大きな要因となっています。

そして、一八九〇年には「教育勅語《ちょくご》」が発布《はっぷ》され、道徳の根拠は「教育勅語」に置かれることとなりました。その結果、「宗教は私的領域、道徳は公的領域に属するもの」と二分され、道徳を宗教の上に位置づけ、「宗教は弱者が信じるもの」という通念を公教育でも教え込みました。

大川総裁は次のように述べておられます。

もともと法律とは、この世的に人間が生きていく上でのルールとして、善悪を

決めるものが出てくるわけですけれども、その善悪を判定するもとは何かといえば、やはり宗教ということになります。基本的には道徳かもしれませんが、「道徳」のもとになるのは「哲学」であり、「宗教」であるので、「法哲学」を学ぶと、次には、どうしても「宗教」の研究が必要になるのです。

『幸福の科学大学創立者の精神を学ぶⅡ（概論）』五一ページ

法律や道徳の善悪のもとにあるものは哲学・宗教です。「**先の大戦における日本の敗戦の原因は、結局、聖徳太子《しょうとくたいし》以来の国体に背《そむ》いたことにある**」（『救世の法』）と説かれていますが、明治維新期の廃仏毀釈《はいぶつきしゃく》で仏教は弾圧されてしまい、聖徳太子が仏教を導入して以来日本に存在していた智慧や寛容さが失われ、先の大戦の悲劇を生むと共に、学問においても大きな歪みが生まれました。

したがって、未来を創造していくためには、戦前の明治以降の神道体制に戻るだけでは不十分なのです。

◆未来創造学によって、正しい信仰観に基づく国家づくりを

未来創造学では、正しい宗教観に基づく国家づくりを目指しています。大川総裁は『小説　遥かなる異邦人』で次のように述べておられます。

法律は単なる暗記だけなら、道具にしかすぎない。例えば、中国の北京大学《ペキンだいがく》の法学部や、清華大学《せいかだいがく》の法学部で優秀な成績を取っても、中央にある中国共産党の発信する哲学、正しさが間違っているなら、悪徳役人や、悪徳法律家が出てくるだけである。だから政治学における知恵や、歴史上の政治システムと戦争史、政治思想史の勉強が必要となるのである。

例えば、古代ギリシアの民主政と、ペルシア帝国の、独裁的専制政《どくさいてきせんせいせい》のどちらが正しいかは、その時点で判定するのは難しい。

通商国家カルタゴとローマ帝国の三度にわたるポエニ戦争で、カルタゴは地上から滅び去ったが、これが法律的に、あるいは、政治学的に、正しかったかどうか。その判定は難しい。

だから世界宗教的視点からの神の善悪の判定が必要となる。イスラエルと中東のイスラム諸国との四度の戦争、その後も続く紛争も、「神の正義」が最終的な答えとなる。それを推測するにも、この世での勉強も必要となる。この地上では悪が勝つこともあるが、来世では、善悪は確実に判定される。天国と地獄は、はっきりと白と黒を判定される。

このシステムが機能不全《きのうふぜん》におちいる時、神は人類に天変地異《てんぺんちい》や世紀末現象を起こして、文明をゼロから再び始めさせる。

だから、法学、政治学、経済学、国際関係論、などを学びつつも、宗教、哲学を学ばねばならぬのだ。しかも、近現代に生まれた、神の預言者が一体、誰であるかを探しあてなくてはならないのだ。

竜二は法律の勉強をしつつも、「法の窮極にあるもの」を求め続けた。

『小説　遥かなる異邦人』六一～六二ページ

このように、「法の窮極にあるもの」とは「神の正義」であり、それを探究するためには宗教・哲学はもちろん、法学・政治学・経済学・国際関係論といった複数の学問を学び、それを探究する姿勢がとても大切となるのです。

大川隆法総裁の志は、限りなく高いものです。日本を超え、全世界の人々を幸福にし、未来を拓きたいという願いが未来創造学に込められています。したがって、未来創造学でいう正しい宗教観とは、日本の民族神ではなく、仏教、キリスト教、イスラム教などの世界宗教を導いている至高神、主エル・カンターレへの信仰です。先ほど触れた日本神道も、もともとは主エル・カンターレの本体霊に近い御存在である天御祖神が三万年前に日本に降臨されたことがその源流となっています。日本の国づくりを考える上でも、根源なる神に立ち返ることが大切であるのです。

通常、民主主義は、神の声が聞こえないために「多数決を占めたものが神の声と同じであろう」というフィクションのもとに成り立っていますが、現代は、危機の時代であると同時に、地球神の声が聞こえる時代でもあるのです。その神の声に従ってすべてを判断するというのがあるべき法学徒・政治学徒の使命といえるでしょう。

もちろん、大川総裁は「民主主義」も大切にされています。なぜなら、この地上は魂修行の場でもあるからです。宗教的土壌のもとで、人々が力を合わせて神の理想を実現していこうとするなかにこそ、最大の魂の磨きと繁栄があるからです。

この普遍的なる神の正義のもとに法学・政治学・経済学・ジャーナリズム研究を構築し、神のいる民主主義をつくっていこうとしているのが未来創造学部「政治・ジャーナリズム専攻コース」です。

また、未来創造学部には「芸能・クリエーター部門専攻コース」があります。

政治哲学者のハンナ・アーレントは、『人間の条件』において「労働」「仕事」を私的領域に、「活動」「観照」を公的領域に位置づけ、公的領域において政治の「活動」（アクション）を実践することの重要性を述べましたが、それは俳優の「演技」（アクション）と語源が一緒とも述べています。影響力が大きいという意味で、芸能も政治と同じく公的領域に属するといえるでしょう。

政治家が人々を正しい方向に導いていくためには正しい見識はもちろん、「人の心をつかむ」能力も重要です。こうした政治と芸能を同じ学部に持つ大学は全世界探しても前例がありません。これは、大川総裁の発明です。つまり、未来創造学は政治・芸能の両面から、世界中で理想の「国づくり」を行い、地球ユートピアを建設していくための新しい学問であり、「公的幸福学」であるのです。

卒業生からも、幸福実現党公認で当選する方も出始めています。未来創造学を身につけた人材が、多くの分野で活躍する日が来ることを心から願っています。

幸福の科学大学は、二〇一四年に大学設置申請を文科省に提出しましたが、不認可となりました。その理由は「霊言（霊言集）」が「科学的根拠をもって一般化・普遍化されているとはいえず、学問の要件を満たしているとは認められない」「『霊言（霊言集）』は大川隆法氏のみが行えるとされており、実証可能性や反証可能性を有しているか否かという点でも疑義がある」として「『霊言（霊言集）』を根拠とした教育内容を体系的に学生に教授することが可能とは認められない」というものでした。

はたしてこの判断は正しいのでしょうか。

世にある人文系の学問は、そもそも「科学的」ではありません。「人文科学」という語を用いたとしても、その「科学」の内容・方法が自然科学と完全には一致していません。科学か否かを判定する基準として「反証可能性」という概念を提案したカール・ポパー自身でさえも、「神学」や「形而上学《けいじじょうがく》」を「科学」とは別なものとし、その存在を認めています。「神学」に類比される「幸福の科学教学」を

「反証可能性」の基準で判断すること自体、無理があるといえます。

このカール・ポパーの考えを東大で教え続けたのは、冒頭で述べた東大教授の碧海氏です。

大川総裁は、『小説　遥かなる異邦人』で次のように述べています。

竜二もまじめに、彼の『法哲学概論』や『合理主義の復権』を精読した。しかし、残念ながら、碧海先生も重大な間違いを犯していることに気がついた。哲学者の始祖、ソクラテスやプラトンの思想を、呪術《じゅじゅつ》・呪縛と考えているのである。そしてヘーゲル哲学を哲学史上の「スキャンダル」とまで言及したカール・ポッパーに傾倒《けいとう》しているのである。（中略）

簡単に言おう。碧海先生は、あの世も霊も信じていないのだ。だからこの世の事物だけを扱う哲学者や、論理学者を優《すぐ》れていると感じるのだ。神も悪魔も全く信じておらず、信仰につながる思想を、哲学としては呪縛を受けたもの、ポッパー的に言えば、「開かれた社会」に行くのを妨げる「閉じた社会」の哲学者だと考えているのである。霊界の実在を知っている哲学者を古代の呪術師と考え、この世の研究だけをする学者を「開かれた社会」への導き手と考えるのである。碧海先生の後頭部からは後光ならぬ、黒い憑依霊《ひょういれい》が取りついている暗さが霊視された。残念ながら、竜二は、彼を徹底的《てってい》に批判した。

東京大学の法哲学が、「無間地獄《むけんじごく》」に導くものなら、実定法も危《あや》うい。学問が救いなき世界へと向かってしまう。

『小説　遥かなる異邦人』一四三～一四五ページ

前述した文科省（審議会）の考えのもとに幸福の科学大学は不認可になったのですが、善悪の価値観が逆転した宗教的教養の欠如した判断としかいいようがありません。

こうした学問自体の歪みを辿ると、その遠因《えんいん》は、「霊肉二元論」を説いたデカルトや、「理性」を最高位に起き、神や霊界などの問題を学問の対象から外したカントなどの哲学に行き着きます。

しかし、その一時代前を見ると、キリスト教信仰とアリストテレス哲学を統合した中世のトマス・アクィナスは信仰と理性を統合し、「神の教えそのものが学問である」という主旨のことを述べています。つまり、もともと学問とは神の創られた世界の真理を明らかにすることであり、私たちが闘っているのは、近代五〇〇年の学問観の歪みなのです。

大川総裁は次のように述べています。

明治以降に入った西洋型の学問等のほとんどは、実用の学や理数系の技術的なものとしては役に立つものも多いのですが、宗教が教えるような「真理の世界」、あるいは「神秘の世界」を教えるということにおいては、まったく無力《むりょく》であります。無力ということだけではなく、ある意味では有害《ゆうがい》にもなっていて、学問とは「真

理の探究」でなければならないところを、学問そのものが「真理の阻害《そがい》」になってしまっているところがあるのではないかと思うのです。

『秘密の法』二一〇〜二一一ページ

もちろん、幸福の科学の学問観は、単なる中世返りではなく、知識社会に対して開放系の体系を持つものであり、学問の進歩・イノベーションも認めています。近代の優れた点も継承しつつ、その過程で生じてきた闇を吹き払い、「真理の探究」という学問の本来のあるべき姿に立ち戻って未来を拓いていく「知の世界の革命」を成就《じょうじゅ》させる――。この理想の実現のために、私たちは神の正義・幸福の科学教学に基づく新しい学問を創ろうとしているのです。多くの方が、この趣旨に賛同してくださることを願ってやみません。

最終章

世界を創りかえる人材を輩出するために

九鬼 一

◆至高神から見た、あるべき学問へ

二一世紀も、もう四分の一が過ぎようとしています。戦争や貧困など、地球規模での大きな課題を解決すべきときにある今、「『**世界精神**』**となるべき、世界的な意味での指導原理**」（『人格力』）として、大川隆法総裁が、数多くの教えを説かれました。

この教えは世界一六九カ国に広がり、まさに「世界精神」として、人類を照らしています。教えを学んだ人からは、人生の悩みを解消した人、事業を発展させた人、様々な奇跡を体験した人などが世界各地で無数に出ています。「人類の幸福化運動」が世界的なレベルで着実なる成果を生んでいるといってよいでしょう。

そうした膨大《ぼうだい》な成果の一つに、本書の第一部で見たような「諸学の整理・統合」「新しい学問の創造」があります。

ＨＳＵを創立する際に、創立者である大川総裁が、ＨＳＵで探究すべき学問の姿について数多く語ってくださいました（『幸福の科学　大学シリーズ』全九六巻）。開学から一〇年、大川総裁がつくられる学問や、それを基にした教育内容に賛同して集まってきた教職員と学生たちが、それぞれの専門分野に分かれつつも、共に手を取り合い、幸福の科学教学を中心とした新しい学問をつくろうと、意気に燃えて研鑽《けんさん》を積んできました。

当初は、大学認可申請を想定して、従来《じゅうらい》の学問の枠組《わくぐ》みを十分に尊重《そんちょう》した教育内容にしていましたが、主なる神の願われる本来の学問の方向とは、ズレがあるのではないかと感じていました。

大川総裁は、新文明創造のために地球の至高神エル・カンターレの中核意識がこの地上に御降臨《ごこうりん》されたご存在であるため、私たちは、既存の学問を白紙に戻して、「大川総裁の示される至高神の目から見たあるべき未来の姿に沿った学問が必要である」という結論に至りました。本書第二部では、「主なる神が説かれた幸福の科学教学を基にこれまでの学問を再整理し、新しいものを創りあげていこう」

という志を、各分野で語られた個性的かつ普遍的な内容で示せたと思います。

私たちは、より純粋に、そして真摯《しんし》に、幸福の科学教学を、「人生」に、「仕事」に、「経済」に、「社会」に、「科学技術」に、「政治」に、「文化」に、「芸術」に、落とし込んだときにどうなっていくのか、ということを探究し続けています。

◆ＨＳＵの学問は人間的な成長をもたらす

すでに顕著《けんちょ》な成果も出始めています。ＨＳＵには、他の大学では起こらないようなことが起きているのです。

「心が変わることによって、それまでの自分とはまったく違った自分に生まれ変わる」という体験をする学生が数多くいることもその一つです。なぜなら、幸福の科学教学は、生まれてきた根本的意味から考えて、「人の心をどのように磨いていくか」ということを中心に組み立てられているからです。

ある学生は、対人恐怖症でしたが、幸福の科学教学を学び法友たちと過ごすことで人と交われるようになりました。逆に、慢心《まんしん》しやすく天狗的《てんぐてき》傾向のある子が、「反省しなければいけない」と決意し、周りと協調する姿勢を身に着けていくこともあります。世間で優秀といわれる人のなかには、成績の良し悪《よあ》しでカーストのような見方をする人も多くいますが、ＨＳＵでは、みなが同じ仏の子、修行者の一人であり、一人ひとりに仏性《ぶっしょう》が宿っているという見方をしています。「優秀さ」の物差しが成績だけではないのです。

他の大学は入試等で偏差値の近い者同士が集まる形になっているので、ある意味で狭いなかでの競争になりがちです。また、まじめに勉強している人を小ばかにする風潮も見られます。特に日本では、「勉強しなくても成績のいい人が偉い」という考え方があり、「勉学を通して自己変革しよう」という人を斜めに見るところがあります。これは現在の日本神道《しんとう》に流れる妖怪性《ようかいせい》の一つ（天来の才能が全てに優先するという考え『妖怪にならないための言葉』）としての、文化的傾向性だとも考えられます。また、日本は嫉妬《しっと》社会でもあるので、努力するところを見せないほうが処世術《しょせいじゅつ》としてよいというカルチャーもできてしまっています。

しかしＨＳＵには、東大に合格した人から、中高までは勉強が苦手だった人、年配《ねんぱい》の社会人経験者まで、様々な学力偏差値やバックグラウンドを持つ学生たちが集っています。これはある意味で社会の縮図であり、「社会に出るといろいろな人がいるのだ」ということを前提に、勉学・生活・修行ができる環境です。

教員にとってはそれぞれのレベルや個性に合わせて授業や個別指導をしていかなければならないから大変です。しかし、大川総裁は次のように述べています。

ＨＳＵ生の学力はさまざまですが、平均以下の人は、もちろん「平均以上の人間」にするつもりでいますし、平均の人は「秀才」にします。秀才は「天才」に変え、天才は「偉人《いじん》」に変えます。これがＨＳＵの基本的な考え方です。

『未知なるものへの挑戦』九五～九六ページ

私たち教職員は、学生一人ひとりに合わせて、そのとき、その人に必要な教えを差し出し、学んでもらい、育ってもらいたいと考えています。

そして、「まじめに勉学に取り組むことを肯定する」「人を公平に認める」という校風がつくられてきました。「人の努力を正当に認める」ことは、八正道の正見として、本物の自分と出会うために大切な修行です。基本書の『太陽の法』には、にせものの自分として「**精進**《しょうじん》**しない自分**」があると説かれていますが、その一つに「**他人を公平に見ない自分**」があります。世の中には、「努力しても結果が得られなければ損じゃないか」「結果だけ得ればそれでいいのだ」という考え方もあると思いますが、「人の努力を公平に認める」とは、この世とあの世を貫いて「努力は決して裏切らない」「縁起《えんぎ》の理法を信じる」ということでもあります。

HSUには、「人間は、転生輪廻《てんしょうりんね》しながら魂修行をしている存在である」という人間観が根底《こんてい》に一本通っています。人間の本質は魂であり、魂修行をするために生まれてきているのだから、「努力・精進する姿勢そのもののなかに価値がある」という見方ができるようになるのです。主なる神への信仰を基にした学問だからこそ、自他の努力の価値を心から認めることができるのです。

そして近年、大川総裁の自叙伝的小説「鏡《かがみ》川《かわ》竜二《りゅうじ》シリーズ」の発刊を通して、より具体的に、大川総裁がどのように努力されてきたのかということが明確になりました。「学問にどのように向き合ってこられたのか」「友人たちとの関係をどのように結ばれてきたのか」「就職や社会に出るということをどのように考えてこられたのか」など、このシリーズには若者たちにとっての指針が満ちています。この内容を授業に組み込み、努力するエートスを学内に根づかせたいと様々な創意工夫をしています。こうした環境で得られる人間的成長の喜びは、他の大学では決して味わえないものがあると思います。

◆利他《りた》の心で活躍し始めた卒業生

これまで千人以上の卒業生を輩出してきました。当初、大学の学位がないために就職に不利ではないかという外部の懸念《けねん》もありましたが、毎年ほとんどの卒業生が大卒扱いで就職の内定をいただいています。もちろん、現在は人手不足ですから、売り手市場であるという環境要因もありますが、ＨＳＵはコロナ禍《か》以前から、就職内定率は九八％を切ったことはありません。

大川総裁が英語に力を入れているので、ＴＯＥＩＣ《トーイック》の点数は他にはない伸び方をしている人が相当数います。五百～六百点もアップする学生、国際的な仕事で活躍している卒業生も多数います。

ある学生は、海外で仕事をすることが夢でした。ＨＳＵで内容のある話を英語で積極的に話す訓練ができて、現在の海外出張もある仕事に活かされているといっていました。海外でわからないことだらけでくじけそうになったときも、ＨＳ

Uで大川隆法総裁の愛を感じていたことが、自分と向き合いながら努力していく力になり、壁を乗り越えられているとも語っています。

また、行政書士や公認会計士、日本語教師、教員免許、保育士などの資格を取って就職していく学生もいます。単に資格を取得できたというだけでなく、人間学を中心軸にしていることで、就職後の評判も良く、看護師となった卒業生が、大阪府病院協会会長賞を受賞したということもありました。

幸福の科学教学が深く心に入ってくると、利他《りた》の心が強くなってきます。ちょうどコロナ禍が始まった頃、介護系の企業に就職した卒業生はコロナに感染された利用者様への介護に躊躇《ちゅうちょ》せず率先して打ち込み、「大変助かった」と感謝されたようです。

幸福の科学グループの教育系に配属になった人間幸福学部のある卒業生は、在学時に不登校を克服した経験を持っています。不登校になった自分の心を見つめたところ、完璧主義的で自分自身を責める心の傾向性に気づきます。さらにその奥には、人からどう見られるかということを気にするプライドが原因であることに行き着いたそうです。その心を変えたのは、「創立者の精神を学ぶ」という授業で学んだ大川総裁の後ろ姿でした。利他の精神で生きる大川隆法総裁の後ろ姿が心のなかに刻まれ、自分のことではなく他の人のことを中心に考えていけるようになったときに、見失っていた本来の自分を取り戻すことができたと語っていました。こうした経験が、現在、教育系の仕事のなかで、生徒の未来を信じる力になっているわけです。

大川総裁は、二〇二〇年ＨＳＵ入学式で次のように述べています。

ともすれば、秀才願望を持って勉強していると、「とにかく自分がかわいい」「自分がよかれ」という気持ちを持つ方が増えてくると思います。

それは自己形成期にある程度までは許されると私は思っていますが、その自己形成期からだんだん社会人になって、社会の一員になって、そして、社会をよく

していこうという立場になったら、それだけでは済まないことになります。

まずは、「自分にとってよかれ」と思うことが、「社会にとってもよかれ」ということにつながる生き方をしなければいけません。さらには、もっと自分が成長していけば、自我の部分が大きくなるのではなく、今度は、「自分がやっていることが、本当にみんなのために、本当に世の中のためになればいいな」という気持ちのほうが、もっともっと大きくならなくてはいけません。「世の中がもっとよくなるといいな」という気持ちのほうが大きくなってくるということは、実は本当は自分自身の成長なのです。

法話「徳への階段」より

こうした教えを自分たちへの言葉として学ぶことで、「自分自身を磨くことが、他の人を利する生き方になる」と本気で考える卒業生たちが輩出されています。

幸福の科学の信者が経営する企業に就職した人は、人間力を見込まれて、入社

二、三年で店長などの管理職を任される方も多数出てきています。

経営成功学部を卒業したある人は、三年目で店長になったそうです。「自分とタイプの違う従業員とも仕事をしていかないといけないなかで、人を変えるのではなく自分を変えることが大切」「『自分がどのように変わっていかなければいけないか』と考える基礎をHSUで学んだことが大きかった」と語っていました。「高校時代は勉強の意味が分からなかったけれど、HSUに来て『自分を変えていける』ということ、つまり学ぶことの価値を教えてもらった」ともいっていました。

人間幸福学部のある卒業生も、三年目でホテルの店長を務めています。業績の伸び悩んでいる店舗に配属されましたが、見事、期待に応えて実績を出し、社内の評判も良いために、新規オープン店の立ち上げも任されたそうです。彼も、店長になってから、「従業員との人間関係調整がとても大事で、責任者として従業員の心を受け止めなければいけない。HSUで幸福の科学教学をベースにした心理学を学んでいたことが現場でとても活きている」ということを語っています。

卒業して幸福の科学の職員として出家する人も三割～四割近くいます。二～三年で支部長職を任される人もたくさん出ていますし、国内の支部長を経由して、出家四年目に海外の支部長に任命された卒業生も出てきました。

経営コンサルタント会社に就職した卒業生は、単にお金儲《もう》けの方法を考えるのではなく、顧客第一主義で、「愛を与えるためのサービスを設計していくこと」に喜びを感じると語っています。経営成功学部では、経営学、会計学などの具体的なことはもちろん学びますが、何よりも大きかったのは、ＨＳＵで自分の使命を見つけ、その使命をもとに自分がどうすべきなのかを考えられたことだそうです。

幸福の科学の信者が経営する企業かどうかにかかわらず、学生が「行きたい」という企業に行けるようにサポートする形をとっているので、毎年、数十社、新規での就職先が出てきます。たとえば、世界的に有名なホテルのチェーンにも大卒扱いで就職している卒業生が何人か出ています。

未来創造学部　芸能・クリエーター部門専攻コース卒で、広告代理店のメディアプランナーとして活躍している人もいます。新入社員で社内賞を受賞し、顧客信頼の向上に大きく貢献。お客様の幸福につながる仕事を目指して誠実に取り組んでいます。そのもとにあるのは「自分の人徳から滲《にじ》み出るもので、大川総裁の教えの正しさを証明したい」というＨＳＵでつかんだ志だといいます。

また、異色ではありますが、「医者になって主エル・カンターレが目指す世界に貢献したい」という志をＨＳＵで本格的に固め、卒業後に国立大学の医学部に進学した人もいます。その人は、「ＨＳＵを経由してから医学部に行ってよかった。ＨＳＵに行かないで医学部に行っていたら、唯物論者になってしまっていただろう」といいます。「人間を機械のように見るのではなく、人間は魂であり転生輪廻している存在である。神がつくられた存在であるという視点から見ることによって、解剖などの実習の際も、人体が美しく見えた。医学という学問を深められた」と語っていました。

大川総裁は二〇二二年入学式で次のように述べています。

結局、世の中で最後に生き残るというか、大きく成長する人は、「人間学に通じているかどうか」なのです。「人間通《にんげんつう》であるということ」――どんな分野に進むにしても、みなさまがたの成長を約束するものは、結局はこれなのです。

法話「人として本物となるには」より

社会に出てから、HSUで学んだことが、各人の使命を果たすための力として仕事に活きてきているのではないかと感じます。

未来産業学部の卒業生には、その後も研究を続けていくために、大学院相当のアドバンスト・コースに進学する人もいます。

二〇二二年の三月に、未来産業学部の小型核融合装置による中性子発生数が、東京工業大学を抜いて世界一を達成しました。この研究も、アドバンスト・コースの人たちや卒業生が中心になっています。この研究がもう一段進んでくれば、今まで日本では数カ所でしかできなかった夢のがん治療といわれる中性子がん治療が、全国の主要な病院でも可能となります。その他、医療以外にも幅広い分野で応用がきき、多くの人々の幸福に貢献できる可能性を有しています。

同じく二〇二二年の八月には、「未来科学研究所」が開発した超小型人工衛星「ＨＳＵ‐ＳＡＴ１《エイチエスユーサットワン》」が、米国スペースエックス社のロケットに搭載《とうさい》されて打ち上げられ、地上局との通信に成功しました。この超小型人工衛星の開発には、未来産業学部生やアドバンスト・コース生とその卒業生たちが多数関わっていました。今後も二号機、三号機を打ち上げるべく開発を続けています。

未来産業学部では、宇宙産業やプラズマ以外にも、食糧問題の解決や宇宙物理学の研究など、理系の様々な分野で、未知なるものへの挑戦を続けています。

二〇二三年の四月には、ＨＳＵ未来創造学部政治・ジャーナリズム専攻コース四年制の卒業生から、初の市議会議員が誕生しました。ＨＳＵ卒業後に、ＨＳ政経塾で三年間学んだ後、幸福実現党から出馬しました。二〇二三年のＨＳＵ祭にゲストとして来てくれましたが、「どれだけ自分は多くの人に支えられてきたか」と感謝の気持ちを述べていました。そして、「その感謝からの報恩として、大川隆法総裁の『人の苦しみ・悲しみを見て解決する』という願いを実現できる宗教政治家になっていきたい」と自身の抱負を熱く語ってくれました。

また、芸能・クリエーター部門専攻コースの卒業生で、ダンスのインストラクターとして働きながら、アメリカで開催されたチアダンスの世界大会に都内強豪チームの一員として出場し、金メダルを取った人もいます。本番直前の練習で、いつも回れるターンが回れなくなってしまったとき、「**信仰心さえ立っていれば、船の先が水を割って進んでいくようなかたちで、未来は開けていくのです**」(『悪魔の嫌うこと』)という大川総裁の一転語《いってんご》を見たそうです。そして「信仰心だけもって踊ろう」と思って臨《のぞ》んだら本番ではターンを回ることができ、その結果、金メダルを獲得しました。「HSUの卒業生として幸福の科学のお役に立っていくという信念を曲げないでやってきましたが、信仰に助けられて今の自分があることを痛感

HSU開学10年の主な成果（一部）

- □ 中性子発生数、東工大を抜いて世界一達成
  - ・さらに研究が進めば、がん治療にも貢献期待
- □ 超小型人工衛星「HSU-SAT1」、スペースX社のロケットで打ち上げられ、地上局との通信に成功
- □ 世界一の技術を実現した二重ねじボルト締結体で「ものづくり日本大賞　経済産業大臣賞」「素形材産業技術賞　中小企業庁長官賞」「“超”モノづくり部品大賞・共同議長賞」の三賞を受賞
- □ 就職内定率6年連続98％以上
- □ 2023年度図書館、学生一人あたり貸し出し冊数、全国の大学で2位相当
- □ 学部生時代から学会発表を実践
  - ・プラズマ・核融合学会や応用物理学会、電子情報通信学会、日本設計工学会などで発表多数。なかには国際会議での学会発表、受賞実績も。
- □ 特許4件取得
  - ・道路再整備に貢献する、アスファルト劣化を測定する新技術 他
- □ 公認会計士、行政書士等の合格者誕生
- □ 卒業3年目で店長などの管理職を多数輩出
- □ 幸福の科学支部長職を多数輩出
  - ・海外支部長も誕生
- □ 約半数の学生がTOEIC点数100点以上UP
  - ・600点以上UPの人も
- □ 4年制卒業生から市議会議員誕生
- □ El Cantare 大川隆法オリジナルソングス歌唱者、輩出
  - ・プロダクション所属者も多数
- □ 世界三大ミスコンの日本ファイナリスト2022
- □ 国内大手小説コンテスト入賞、大手出版社より小説家デビュー
- □ 在学時代に漫画家プロデビュー

している」と語っていました。

卒業生は五期生までしか出ていませんし（二〇二四年二月時点）、本章で紹介したことは、そのほんの一部です。十年後はさらに活躍している人が出てきていることでしょう。これからもっともっと磨きのかかった卒業生を輩出していきたいと思っています。

◆新しい時代の学問は、主なる神への信仰から始まる

主なる神への信仰をベースにしない学問は、複雑化している現代社会の問題を解決できずに、袋小路《ふくろこうじ》に入ってしまっています。現に、日本は経済的にも停滞を続け、一人当たりのＧＤＰはＧ７の中で最下位になってしまいました。三十年前はトップを走っていたはずです。その原因の一番は、高等教育に問題があると考えます。大学の前例踏襲型《ぜんれいとうしゅうがた》の体質が、残念ながら新しいチャレンジを避ける傾向

を持つ人を大量に生み出してしまっています。大学の教員が生きやすいような教育を組合運動のように展開して、新しいことをやろうとする者をはじき出しています。

これは二度にわたる文科省への大学設置認可申請で痛感したことです。新しいことを認めないので、政府から与えられる限られた予算を取り合うだけになっているかのようですが、これでは本格的イノベーションはなかなか起きないと思います。たとえば理系では、研究室所属は三年生からで、大学院に行かないと学会発表はできないという不文律のようなものがありますが、HSUでは一年生のうちから希望者は研究室に所属し、能力と努力によっては学会発表も行います。役に立つものであればどんどんチャレンジして新しいものをつくっていこうとしています。HSUは政府から予算をいただいていませんが、やろうと思えば可能なのです。既存の大学にはそうした志や未来志向《しこう》が希薄《きはく》になっているのでしょう。

幸福の科学は発足《ほっそく》以来、大川総裁が具体的な未来図を示し、体系的な教えを説いてくださっています。幸福の科学グループ以上の未来志向の組織は存在しないといってよいでしょう。

本書でそれぞれの分野の教員たちが繰り返し述べているように、学問から信仰を排除し出したのは、デカルトやカント以降であって、それ以前は必ずしもそうではありませんでした。その時代が遅れていたわけではありません。逆に現代のほうが、真理から遠ざかってしまっています。私たちは、「新しい時代の学問は、主なる神への信仰から始まる」と考えています。これからそれを、新しい学問と従来の学問との違い、そして本学から輩出される人材の違いを通して実証していきたいと思っています。

大川総裁は次のように述べています。

九十九里浜《くじゅうくりはま》の長生村《ちょうせいむら》にある、ピラミッドのあるこの学校が、日本の〝最高学府〟です。間違《まちが》いありません。これを証明することが、これからの十年で、みなさん

がやるべきことです。

『未知なるものへの挑戦』八〇ページ

卒業生たちの活躍と共に、毎年毎年成果がどんどん大きくなり、未来文明の源流になっていくところを数多くの方々に見ていただきたいと思っています。

未来を創りたいと思うのであれば、ＨＳＵに来て主なる神への信仰心を磨いていただきたい。そして主が創られた新しい時代の学問を学んでほしいと思います。一緒に新しいもの、未来を切り拓いていくものをつくっていきましょう。

「未来に何が起きるのか」は、神の御心の展開そのものです。未来は、神の御心を探究しなければ分かりませんし、それが腑に落ちていなければ、これから起きることに対して本当の意味での対応などできません。真理をつかんだという確信が、その悟りが、世界を創りかえ、未来を切り拓いていくのです。

今、私たちは、ＨＳＵ在学の四年間で、どこまで未来を切り拓く力をつけることができるかというチャレンジをし続けています。真なる悟りを求めている大学は世界中どこを探してもありません。この悟りを求める心、求道心《ぐどうしん》が花開いていく文明が、未来文明なのです。その未来文明を、私たちは、「エル・カンターレ文明」と呼んでいます。

未来はここにあります。本学の学生の皆さんには、この求道心を自らの心のなかにしっかりと根づかせて養成し、ＨＳＵを卒業していってほしいと心の底から願っています。

最後に、本書発刊の機会をお与えくださった主エル・カンターレ、大川隆法総裁先生に心から感謝を申し上げます。

序＝**渡邉和哉**（わたなべ・かずや）
幸福の科学学園理事長 兼 ハッピー・サイエンス・ユニバーシティ チェアマン

1957年東京都生まれ。東京都立大学経済学部卒。1981年、野村證券投資信託販売株式会社（現・三菱UFJモルガン・スタンレー証券株式会社）に入社し、法人営業部で上場企業等を担当。1994年に幸福の科学に奉職。主著に『志の経営』（ＨＳＵ出版会）などがある。

第二部１節＝**黒川白雲**（くろかわ・はくうん）
ハッピー・サイエンス・ユニバーシティ バイス・プリンシパル 兼 人間幸福学部ディーン

1966年兵庫県生まれ。早稲田大学政治経済学部卒。千葉商科大学大学院博士課程修了。博士（政策研究）。1991年より幸福の科学に奉職。主著に『知的幸福整理学』（幸福の科学出版）などがある。

第二部２節＝**金子一之**（かねこ・かずゆき）
ハッピー・サイエンス・ユニバーシティ 人間幸福学部プロフェッサー

1964年神奈川県生まれ。駒澤大学経済学部経済学科卒。武蔵野大学大学院修士課程修了。1990年より幸福の科学に奉職。主著に『宗教対立を克服する方法』『なぜ宗教が必要か』（ＨＳＵ出版会）などがある。

第二部３節＝**松本泰典**（まつもと・やすのり）
ハッピー・サイエンス・ユニバーシティ 国際担当局長

1964年京都府生まれ。ロンドン大学School of Oriental and African Studiesで文化人類学修士、University College London同博士課程中退、名古屋学院大学英語学修士。1995年、幸福の科学に奉職。主著に『ＴＯＥＩＣ990点満点到達法』（幸福の科学出版）などがある。

第二部４節＝**原田尚彦**（はらだ・なおひこ）
ハッピー・サイエンス・ユニバーシティ 経営成功学部プロフェッサー

1958年福岡県生まれ。九州大学大学院工学研究科電子工学専攻修士課程修了、東京理科大学大学院イノベーション研究科技術経営専攻修了。㈱東芝医用機器技術研究所、超伝導センサ研究所を経て、1995年に幸福の科学に奉職。主な編著書に『ＨＳＵテキスト21　ピーター・ドラッカーの経営論』（ＨＳＵ出版会）などがある。

第二部5節＝ **鈴木真実哉**（すずき・まみや）
ハッピー・サイエンス・ユニバーシティ 経営成功学部ディーン

1954年埼玉県生まれ。早稲田大学政治経済学部経済学科卒。同大学大学院経済学研究科修士課程と博士課程で応用経済学を専攻。玉川大学、法政大学講師、上武大学助教授、聖学院大学教授等を経て、2015年４月より現職。著書に『理念経済学が日本を救う』（ＨＳＵ出版会）などがある。

第二部6節＝ **秋山純一**（あきやま・じゅんいち）
ハッピー・サイエンス・ユニバーシティ 未来産業学部アソシエイト・プロフェッサー

1982年新潟県生まれ。東北大学理学部物理学科卒。放送大学大学院 文化科学研究科 自然環境科学プログラム修士課程修了。修士（学術）。2006年に幸福の科学に奉職。理論物理・霊界科学分野を研究。

第二部7節＝ **木村貴好**（きむら・たかよし）
ハッピー・サイエンス・ユニバーシティ 未来産業学部アソシエイト・プロフェッサー

1971年埼玉県生まれ。筑波大学第二学群生物学類卒。同大学院修士課程（環境科学）修了、同農学研究科博士課程単位取得後退学。博士（農学）。応用昆虫学分野の研究を行う。2008年、幸福の科学に奉職。主著に『スピリチュアル自然学概論』（ＨＳＵ出版会）などがある。

第二部8節＝ **中田昭利**（なかた・あきとし）
ハッピー・サイエンス・ユニバーシティ 未来創造学部プロフェッサー

1954年、東京都生まれ。1980年一橋大学卒。1993年University of California, Los Angeles経営大学院修士課程修了。ウォルト・ディズニー・ジャパン株式会社ディズニー・ミュージック・グループ アジアパシフィック・日本代表として、「ディズニー・オン・クラシック」を企画・製作。2010年より幸福の科学に奉職。主著に『ハリウッドから学ぶ世界№１の遺伝子』（ＨＳＵ出版会）がある。

第二部9節＝ **河田成治**（かわだ・せいじ）
ハッピー・サイエンス・ユニバーシティ 未来創造学部アソシエイト・プロフェッサー

1967年、岐阜県生まれ。防衛大学校を卒業後、航空自衛隊にパイロットとして従事。拓殖大学大学院修士課程修了。修士（安全保障）。1995年に幸福の科学に奉職。安全保障や国際政治学を研究。

第二部10節＝ **泉聡彦**（いずみ・としひこ）
ハッピー・サイエンス・ユニバーシティ 未来創造学部ディーン

1971年東京都生まれ。東京大学法学部第３類（政治コース）卒。1994年幸福の科学に奉職。放送大学大学院文化科学研究科（修士課程）修了。編著書に『ＨＳＵテキスト７ 未来創造学入門Ⅰ（上）』（ＨＳＵ出版会）などがある。

最終章＝ **九鬼一**（くき・はじめ）
ハッピー・サイエンス・ユニバーシティ プリンシパル

1962年東京都生まれ。早稲田大学法学部卒。共同石油株式会社（現ＥＮＥＯＳ株式会社）を経て1993年に幸福の科学に奉職。編著書に『HSUテキスト11 経営成功総論Ⅰ（上）』『ＨＳＵテキスト13 経営成功総論Ⅰ（下）』（ＨＳＵ出版会）、『新しき大学とミッション経営』（幸福の科学出版）などがある。

取材協力：ＨＳＵ新聞部
門田真美、中田朋華、種祐太朗、山下滉太、下田悠真、井出有香、木村琴葉

世界を創りかえる新しい学問の創造
――地球神信仰が未来文明を拓く

2024年 3月 8日 初版第1刷
5月 29日 第2刷

編者 HSU出版会
発行 HSU出版会
〒299-4325 千葉県長生郡長生村一松丙 4427-1
TEL（0475）32-7807
発売 幸福の科学出版株式会社
〒107-0052 東京都港区赤坂2丁目10番8号
TEL（03）5573-7700 https://www.irhpress.co.jp/

印刷・製本 株式会社広済堂ネクスト

落丁・乱丁本はおとりかえいたします

ISBN：978-4-8233-0426-2 C0037

大川隆法ベストセラーズ

新しき学問の基になる

幸福の科学教学の基本書

永遠の仏陀
不滅の光、いまここに

1,980 円

すべての者よ、無限の向上を目指せ——。大宇宙を創造した久遠の仏が、生きとし生けるものへ託した願いとは。

幸福の科学の十大原理(上巻)
エル・カンターレ「教えの原点」

1,980 円

救世主、立つ——。世界 169 カ国以上に信者を有する「世界教師」の記念すべき初期講演集。全国に熱心な信者をつくった熱い言魂の獅子吼がここに。

幸福の科学の十大原理(下巻)
エル・カンターレ「救世の悲願」

1,980 円

人生とは? 心とは? 祈りとは? 神とは? 人類が求めていた疑問への答え、そしてその先へ——。変わることのない永遠の真理が説かれた、熱き真実のメッセージ。

太陽の法
エル・カンターレへの道

2,200 円

創世記や愛の段階、悟りの構造、文明の流転を明快に説き、主エル・カンターレの真実の使命を示した、仏法真理の基本書。23言語で発刊され、世界中で愛読されている大ベストセラー。

永遠の法
エル・カンターレの世界観

2,200 円

すべての人が死後に旅立つ、あの世の世界。天国と地獄をはじめ、その様子を明確に解き明かした、霊界ガイドブックの決定版。

※いずれも税込です。　幸福の科学出版刊

大川隆法「幸福の科学 大学シリーズ」

新しき大学の可能性と、創立の精神

道なき道を歩め

未来へ貢献する心　1,650円／※ＨＳＵ出版会刊

「神が創った学校は、ここしかない」。ゼロからつくりあげ、道を切り拓く人材になるための生きた智慧が凝縮。

新しき大学の理念

「幸福の科学大学」がめざす
ニュー・フロンティア　1,540円

日本の大学教育に新風を吹き込む「新時代の教育理念」とは。創立者・大川隆法がそのビジョンを語る。

幸福の科学大学 創立者の精神を学ぶⅠ（概論）

宗教的精神に基づく学問とは何か　1,650円

既にあるような大学ではなく、今、世界に必要とされている大学を創る――。大学教育革命の牽引車となるＨＳＵ建学の精神。

幸福の科学大学 創立者の精神を学ぶⅡ（概論）

普遍的真理への終わりなき探究　1,650円

永遠なるものの影をつかむ――。学問への姿勢、探究心、厳しさが垣間見える、大川隆法版「後世への最大遺物」。

大川隆法「幸福の科学 大学シリーズ」

新しき学問の枠組み

「人間幸福学」とは何か

人類の幸福を探究する新学問

1,650円

「人間の幸福」という観点から、あらゆる学問を再検証し、再構築する。数千年の未来へ開かれた源流になる一冊。

「経営成功学」とは何か

百戦百勝の新しい経営学

1,650円

赤字企業が6～7割という日本の現状に対し、経営を成功させ、国を富ませるという学問の価値を問う。

「未来産業学」とは何か

未来文明の源流を創造する

1,650円

「ありえない」を「ありうる」に変える！
まだこの世にないものを発明するための指針にあふれた一冊。

「未来創造学」入門

未来国家を構築する新しい法学・政治学

1,650円

小手先の政治手法や法解釈ではなく、その奥にある「国家や世界の幸福な未来を創造する」考え方を示す。

※いずれも税込です。　幸福の科学出版刊

HAPPY SCIENCE UNIVERSITY

学部のご案内

人間幸福学部

人間学を学び、新時代を切り拓くリーダーとなる

人間の本質と真実の幸福について深く探究し、
高い語学力や国際教養を身につけ、人類の幸福に貢献する
新時代のリーダーを目指します。

※国際人養成短期課程も並設しています。(2年制)

経営成功学部

企業や国家の繁栄を実現する、起業家精神あふれる人材となる

企業と社会を繁栄に導くビジネスリーダー・真理経営者や、
国家と世界の発展に貢献する
起業家精神あふれる人材を輩出します。

未来産業学部

新文明の源流を創造するチャレンジャーとなる

未来産業の基礎となる理系科目を幅広く修得し、
新たな産業を起こす創造力と起業家精神を磨き、
未来文明の源流を開拓します。

※2年制の短期特進課程も並設しています。

未来創造学部

時代を変え、未来を創る主役となる

政治家やジャーナリスト、ライター、俳優・タレントなどのスター、
映画監督・脚本家などのクリエーターを目指し、国家や世界の発展、
幸福化に貢献できるマクロ的影響力を持った徳ある人材を育てます。

※キャンパスは東京都江東区(東西線東陽町駅近く)の「HSU未来創造・東京キャンパス」がメインとなります(4年制の1年次は千葉です)。
※2年制の短期特進課程も並設しています。

Welcome to Happy Science!
幸福の科学グループ紹介

「一人ひとりを幸福にし、世界を明るく照らしたい」──。その理想を目指し、
幸福の科学グループは宗教を根本《こんぽん》にしながら、幅広い分野で活動を続けています。

宗教活動

幸福の科学【happy-science.jp】
- 支部活動【map.happy-science.jp（支部・精舎へのアクセス）】
- 精舎（研修施設）での研修・祈願【shoja-irh.jp】
- 青年部・学生部【03-6277-3176】
- 百歳まで生きる会（シニア層対象）
- シニア・プラン21（生涯現役人生の実現）【03-6384-0778】
- 幸福結婚相談所【happy-science.jp/activities/group/happy-wedding】
- 来世幸福園（霊園）
  - 来世幸福セレモニー株式会社【03-6384-3769】

社会貢献

ヘレンの会（障害者の活動支援）【helen-hs.net】
自殺防止活動【withyou-hs.net】
一般財団法人
「いじめから子供を守ろうネットワーク」【03-5544-8989】
「リバースの会」（犯罪更生者支援）

国際事業

Happy Science 海外法人
【happy-science.org（英語版）】【hans.happy-science.org（中国語簡体字版）】

教育事業

学校法人 幸福の科学学園
- 中学校・高等学校（那須本校）【happy-science.ac.jp】
- 関西中学校・高等学校（関西校）【kansai.happy-science.ac.jp】

宗教教育機関ほか
- 仏法真理塾「サクセスNo.1」（信仰教育と学業修行）【03-5750-0751】
- エンゼルプランV（未就学児信仰教育）【03-5750-0757】
- エンゼル精舎（乳幼児対象託児型宗教教育施設）※参拝施設ではありません
- ネバー・マインド（不登校児支援）【hs-nevermind.org】
- 一般社団法人
  ユー・アー・エンゼル！運動（障害児支援）【you-are-angel.org】

高等宗教研究機関
- ハッピー・サイエンス・ユニバーシティ（HSU）
  【happy-science.university】

政治活動

幸福実現党【hr-party.jp】

- <機関紙>「幸福実現党 NEWS」
- <出版> 書籍・DVDなどの発刊

HS 政経塾【hs-seikei.happy-science.jp】

出版事業

幸福の科学の内部向け経典の発刊

幸福の科学の月刊小冊子【info.happy-science.jp/magazine】

幸福の科学出版株式会社【irhpress.co.jp】

- 書籍・CD・DVD・BD などの発刊
- <映画>「呪い返し師──塩子誕生」【hs-movies.jp】など
- <オピニオン誌>「ザ・リバティ」【the-liberty.com】
- <女性誌>「アー・ユー・ハッピー?」【are-you-happy.com】
- <書店> ブックスフューチャー【booksfuture.com】
- <広告代理店> 株式会社メディア・フューチャー

メディア関連事業

メディア文化事業

- <ネット番組>「THE FACT」【youtube.com/user/theFACTtvChannel】
- <ラジオ>「天使のモーニングコール」【tenshi-call.com】

スター養成部（芸能人材の育成）【03-5793-1773】

ニュースター・プロダクション株式会社【newstarpro.co.jp】

ARI Production 株式会社【aripro.co.jp】

入会のご案内

幸福の科学では、大川隆法総裁が説く仏法真理《ぶっぽうしんり》をもとに、「どうすれば幸福になれるのか、また、他の人を幸福にできるのか」を学び、実践しています。

入会

仏法真理を学んでみたい方へ

ネットで入会

大川隆法総裁の教えを信じ、学ぼうとする方なら、どなたでも入会できます。入会された方には、『入会版「正心法語《しょうしんほうご》」』が授与されます。

三帰《さんき》誓願《せいがん》

信仰をさらに深めたい方へ

仏弟子としてさらに信仰を深めたい方は、仏《ぶっ》・法《ぽう》・僧《そう》の三宝《さんぽう》への帰依を誓う「三帰誓願式」を受けることができます。三帰誓願者には、『仏説・正心法語』『祈願文《きがんもん》①』『祈願文②』『エル・カンターレへの祈り』が授与されます。

幸福の科学 サービスセンター
TEL 03-5793-1727
（受付時間／ 火～金:10～20時 土・日祝:10～18時 （月曜を除く））

幸福の科学 公式サイト
happy-science.jp